Frederick William Faber

Über die katholischen Missionen

Frederick William Faber

Über die katholischen Missionen

ISBN/EAN: 9783743368217

Hergestellt in Europa, USA, Kanada, Australien, Japan

Cover: Foto ©Lupo / pixelio.de

Manufactured and distributed by brebook publishing software (www.brebook.com)

Frederick William Faber

Über die katholischen Missionen

Ueber die

katholischen Missionen.

Von

P. Frederick William Faber,
Doctor der Theologie und Superior des Oratoriums zu London.

Mit Genehmigung des Verfassers

nach dem englischen Originale deutsch bearbeitet

von

Carl B. Reiching.

Regensburg.
Druck und Verlag von Georg Joseph Manz.
1863.

Ueber katholische Missionen.

Es ist die besondere Aufgabe der Kirche zu allen Zeiten gewesen, die Ernte des bittern Leidens unsers Herrn durch die Rettung der Seelen zu vervielfältigen. Sie hat dies auf verschiedene Weise gethan, je nachdem die Zeiten verschieden waren; aber, so mannigfaltig ihre Mittel waren, nie hat sie von ihrem Werke nachgelassen. Sie hat nicht blos eine einzige Methode gewählt, und sich auf eine trockene, ausschließliche Weise daran gehalten, indem sie die Sünder aufforderte, zu ihr zu kommen und sich durch gewisse vorherbestimmte Formalitäten bekehren zu lassen. Dies war nicht das Vorbild, das unser Herr ihr aufstellte. Sie hat, wie Er es haben wollte, ihren Platz verlassen und ist den zerstreuten Schafen nachgegangen. Die Liebe trieb sie an, die verlorenen in der Wüste zu suchen, wenn sie lieber auf den grünen Weiden bei den Wasserbächen unter jenen verweilt hätte, die sich nie verirrt hatten. Während sie in andern Dingen dem Laufe der Welt widerstanden ist und sich dagegen gestemmt hat, ist sie in diesem Stücke oft der Leitung der Welt gefolgt, nicht als ob sie auch nur ein Titelchen von der evangelischen Sitten=

lehre aufgegeben hätte, sondern sie ließ sich voll Liebe wie eine Mutter herab, die in erlaubten Dingen nachgibt, damit sie höhere und erhabenere Ziele erreiche. Und gleichwie, wenn sie der Welt widerstand, die Welt sie haßte, so hat dieselbe Welt, wenn sie ihr folgte, wie die Mutter dem Wolfe folgt, der ihr Junges hinweggetragen, sich gestellt, als nehme sie Aergerniß an ihrer Milde und Nachsicht.

Ihr Leben ist der Eifer für die Seelen. Diesem Instinkte ist sie immer treu geblieben. Zu dieser Zeit oder zu jener mag sie scheinbar an Würde verloren haben durch die zärtliche Inbrunst ihrer Liebe und durch die kühne Sicherheit ihrer vielfältigen Zugeständnisse. Es mag ihr an trockener Philanthropie gefehlt haben, an vornehmer Zurückhaltung bei ihrer Nachgiebigkeit, an pomphaften Ermahnungen, an wirksamem Tadel, an einer erfolgreichen Polizeiordnung für die äußere Moralität unter Stadt- und Landleuten, und an der Tugend, die sich vor der Theilnahme an den Sündern scheut, damit es nicht scheine, als schlage sie die Sünde gering an. Solche Dinge gehen sie nichts an. Sie hat Seelen zu retten, nicht der Oberfläche der Gesellschaft einen sittlichen Anstrich zu geben, oder die conventionellen Formen des civilisirten Lebens zu überfirnissen. „Ein respektabler Satan", wie Michelet England nennt, ist kein katholisches Meisterwerk. Die Augen der Kirche sind auf die Person unsers Herrn gerichtet gewesen. Ihr Zweck war die Frucht seines Leidens. Ihre Gedanken, ihre Sympathien, ihre Gefühle sind in gleicher Stimmung und in gleichem Takte mit den Schlägen seines heiligen Herzens gewesen. Wenn sie sich Ihn gemalt hat, so geschah es als blaß, schwach, müde, fußwund an der Mauer des Jakobsbrunnen, oder wie Er sich niederbeugt, um auf den Boden des Tempels zu schreiben, oder mit Magdalena zu seinen Füßen, und zürnend sie kostbare Buße vertheidigend, weil alle diese Geheimnisse sie lehrten, wie sie mit sündigen Seelen verfahren solle. Sie war verschwenderisch mit seinem kostbaren Blute; denn war Er nicht selbst ein wahrer Verschwender desselben? Ihr liegt diese Wahrheit am Herzen, und keine Wahrheit liegt näher ihrem Herzen, daß der einzig richtige Eifer für die beleidigte Majestät Gottes der ist, welcher sich in der Bekehrung des Beleidigers äußert und seine Beleidigung durch die Abwaschung mit dem Blute des Erlösers tilgt.

O ihre Liebe zu den Seelen kennt keine Grenzen, weil ihre Liebe zu Jesus, dem Gekreuzigten, keine Grenzen hat! Und die eine Liebe spielt der andern in die Hände. Ihre Missionäre beten, während sie auf den Straßen dahin wandeln, den Rosenkranz von den Schmerzen Mariens, eine Lieblingsandacht derjenigen, die sich den Seelen widmen. Woher kommt es, daß sie sich so lange bei jenem zweiten Schmerz aufhalten, bei der Flucht nach Aegypten? Ein guter Missionär ist immer ein Mann eines innerlichen Lebens. Er sinnt über jenes Geheimniß nach; der Schöpfer der Welt ist unter seine Geschöpfe gekommen, und erst sechs Wochen alt, muß Er vor ihnen fliehen wie ein Dieb. Er hat kein Zeichen gegeben, nur geweint; Er hat kein Kriegsheer als den heiligen Joseph; Er hat keine Stärke, als die Süßigkeit seiner eigenen Schwäche; Er hat keinen Schatz, als seine Mutter, und seiner Mutter Demuth und seiner Mutter Reinheit; und was will die Welt von ihnen? Dennoch muß Er fort, die Bosheit hat Ihn aufgespürt und ist Ihm bereits auf den Fersen. Ueber die Wüste, deren Sandkörner in seiner Weisheit gezählt sind, — denn Er hat sie alle gemacht — muß Er hinweg, und nicht die Bürde, die sie trägt, ist Mariens Schmerz, sondern ihre Erkenntniß, daß Er ist, wer Er ist, und daß die Menschen Ihn dennoch nicht lieben. Durch das Feuer dieses Gedankens wird der Eifer des Missionärs ganz entflammt. Was will er nicht thun, was will er nicht leiden, damit die Menschen zur Erkenntniß und zur Liebe Jesu kommen? Durch die Verdienste ihres von Liebe flammenden gebrochenen Herzens soll Maria ihm Stärke erlangen, um ein lebenslanges Marterthum gemeiner und unedler Mühsal zum Besten der Seelen zu ertragen. Hat sie nicht auch empfunden, was es heißt, Jesum lieben? Jener dritte Schmerz, der Verlust des Knaben in den drei Tagen, war es, der sie fähig machte, die Königin der Apostel, die Mutter der Missionäre zu sein. Er hat auch reichlich an dieser Quelle getrunken, und wenn er auf die Menge Seelen schaut, die Jesum durch die Todsünde verloren haben und nicht an ihren Verlust denken, o wie ist dann sein Geist in ihm bewegt!

Seht, was der Eifer aus ihm macht! Predigen ist ihm eine süßere Rast als Schweigen; mühsam über Thal und Hügel wandern in Wind und Regen und Kälte ist sein Lustgarten; ein halbes Jahrhundert ein trauriger Sclave in dem unerträglichen Beichtstuhle sein, ist, wie der heilige Philipp fand, eine wirkliche Erholung für den

ermatteten Geist und das schmerzende Glied; unwürdig
eingeschlossen sein im Rauche und Gewühle ungesunder
Städte ist für ihn die Freiheit und Frische der Berg-
höhen; sich zu der gemeinen Niedrigkeit herablassen, oder
den unhöflichen Muthwillen der Sünder ertragen, ist für
ihn eine freudige Theilnahme an der Geduld Jesu, als
Er drei Jahre lang Novizenmeister jener unverständigen
Jünger war; alle Arten erfinden, das Joch derer leicht
zu machen, die besser thun würden, aus Furcht zu dienen,
als verloren zu gehen aus Mangel an Liebe, und die
Ehre der Gebote retten und sie doch durch milde Aus-
legungen ihrer Strenge berauben, ist für ihn eine gute
List, die von der fleischgewordenen Weisheit gebilligt
wurde, da Er seines Vaters Gesetz zu verherrlichen und
dennoch das im Ehebruch ergriffene Opfer zu retten wußte.
Er ist ein Mann, von einer einzigen Idee durchdrungen,
die sich aber in zehntausende ausbreiten kann. Er ist
außer sich vor Liebe zu den Seelen. Die Kirche macht
ihn zu dem, was er ist, und behandelt ihn dann, wie die
Menschen sagen würden, unbarmherzig. Er muß dem
Urtheile der Welt Trotz bieten; guter Ruf und Zeit und
Gesundheit und Fröhlichkeit — alles muß für das Werk
aufgeopfert werden. Die Obern können gegen ihn sein,
und gute Menschen seine Feinde. Die Kirche selbst kann
Zweifel an ihm haben; er stirbt vielleicht wie hinter einer
Wolke. Was ist's, wenn das Leben abgekürzt wird?
Andere Missionäre wachsen wieder nach, und es darf keine
Stockung eintreten in der Rettung der Seelen. Xaver's
ermattete Glieder, Philipp's feuriges Herz, Segneri's blu-
tende Füße, Pinamonti's unaufhörliches Kopfweh, Cammillus'

wundes Bein, Alphonso's gelähmter Leib, Calasanktius' herabgewürdigter Orden und unvollbrachtes Werk, — diese Dinge sind gleichviel; es darf keine Ruhe, kein Waffenstillstand sein; fortgesetzte Arbeit, ununterbrochene Aufopferung für die Seelen, das ist die Hauptsache. Er, der am Brunnen des Patriarchen saß, blaß, ermüdet und fußwund, und dennoch seinen Durst vergaß, als eine unbekehrte Sünderin in seine Nähe kam; Er, der tief hinabblickte auf das kalte funkelnde Element, das Er geschaffen, und dennoch mehr, o unendlich mehr nach dem unbekehrten Herzen einer lasterhaften Sünderin dürstete, — Er ist es, auf den die Kirche immer mit dem Finger hindeutet, und wenn der Kopf ermattet ist vor angestrengter Arbeit, die Stimme vergangen vor Predigen, das Ohr betäubt von dem unaufhörlichen Beichthören; wenn das gekrümmte Glied vor Erschöpfung schmerzt, die ermüdete Geduld fast ausgeht wegen der Rohheit des selbstsüchtigen Sünders, und die eigentliche Festung reiner Gedanken von einer Schaar belagernder Schrecken angefallen wird, — dann flüstert die Kirche ihren Missionären zu: Nun habt ihr ausnehmend großen Lohn; denn nun theilet ihr die Müdigkeit Jesu am Brunnen!

Dieser Instinkt für die Seelen ist es, der wohl der Hälfte der neueren Einwendungen gegen die Kirche zu Grunde liegt. Er gibt ihrer Moraltheologie den Schein zu großer Nachsicht und ihren Geboten das Aussehen trockener Formalität. Er macht, daß die Menschen in dem Streite der Kirche mit der modernen Gesellschaft und mit der modernen Sünde sich einbilden, sie habe selbst tief aus dem Geiste der Welt geschöpft und sei damit befleckt. Er veranlaßt sie, die Einführung neuer Formen der Andacht und die Vervielfältigung von Festen so leicht zu erlauben. Er macht, daß sie in den Augen derer, die draußen stehen, so rücksichtslos verschwenderisch ist in Ertheilung von Ablässen. Er bewegt sie, sich bei ihrer Weise Gutes zu thun, auf eine für unsere kindlichen Augen so liebliche Art dazu herbeizulassen, was für gemein, für unwürdig und für eine Jagd nach Volksgunst angesehen wird. Er macht, daß sie ihre Disciplin in dem Grade lockert, daß es für diejenigen, die gar keine Disciplin haben, ein scandalum Pharisaeorum wird. Er ist Schuld, daß sie in ihrem politischen Verhalten in verschiedenen Ländern inconsequent erscheint, indem sie in Irland auf die vollen Rechte der englischen Constitution bis auf's äußerste bringt, bloß im Interesse der Seelen, und aus dem nämlichen Interesse die Sache der Ordnung im Königreich Neapel zu verstärken sucht. Wir können nicht erwarten, daß die, welche nicht zu ihrer Herde gehören, dieß einsehen oder zugeben. Sie müssen zuerst von Schaaren umdrängte Beichtstühle haben, und eine Tradition in der Verwaltung derselben. Sie müssen Tag und Nacht in diesem ganz vertrauten Streite mit den Sünden der Massen begriffen sein. Er muß für sie nicht eine Theorie, sondern ein Gegenstand der alltäglichen Pflicht sein, ehe sie in der Lage sein werden, über die Kirche auch nur ein Urtheil zu fällen. Ebenso gut könnte ein Blinder in seinem Urtheile über die Farben die Unfehlbarkeit für sich ansprechen, als ein Protestant daran denken kann, uns über die praktische Wirksamkeit der Kirche etwas Hörenswerthes zu sagen. Der Protestantismus streift nur über die Oberfläche der Dinge hin; er hat keine Bekanntschaft mit der Tiefe der Massen; er hat keine Ahnung davon, was in den mannigfaltigen Herzen der Menge vorgeht. Er weiß nicht, was Bedürfniß ist, und kann daher keine verständige Ansicht haben, ob dieß oder jenes ein gutes Mittel ist, um das Bedürfniß zu befriedigen. Was kann anständiger, imponirender, wirklich liebreicher und freigebiger sein für das Volk, als die protestantische Hochkirche? Was würden die Armen anfangen ohne sie? Dennoch weiß jeder, daß diese nämlichen Armen keine Anhänglichkeit an sie haben, ja daß ihre Herzen sich mehr der groben Tyrannei der für sich nicht einnehmenden Wesleyaner hinneigen, als der milden, rücksichtsvollen und gutmüthigen Herrschaft der Anglikaner. Sonderbar, daß es so ist! Sonderbar, daß der Anglikanismus so Vieles in sich haben soll, was Bewunderung und Hochachtung verdient, so mannigfaltige Vortheile, ein so herrliches Lebensmaterial, so ausgezeichnete Männer, so viel lebendiges und thatkräftiges Gute, und daß dennoch die Masse der Bevölkerung ihn so wenig liebt! Die Gnade ist nicht mit der Hochkirche; sie ist allerdings erhoben, aber die Menschen fühlen sich nicht zu ihr hingezogen. Wie verschieden ist sie von dem elenden Aussehen, von der gemeinen Armuth, dem verkrüppelten Gange, dem nicht anziehenden Aeußern der wahren Kirche Gottes in diesem unglücklichen Lande! Die Gnade ist mit ihr, und sie macht Fortschritte, obschon sie kaum ihre Kräfte entfalten kann.

Es gibt keinen Theil der Kirche Gottes, wo dieser Instinkt für die Seelen nicht in Thätigkeit zu finden ist. Schaaren von Menschen, die selbst nur ein gewöhnliches und laues Leben führen, würden sich kaum behaglicher fühlen, wenn sie nicht irgend einer Bruderschaft angehörten, die ihnen das Gebet der Fürbitte für andere auflegte. Neuntägige und dreitägige Fasten anstellen, an Klöster und Schulen schreiben um Gebete, Messen lesen lassen und Rosenkränze beten, oder den Beichtvater um Extrakommunionen bitten, bloß um die Bekehrung irgend eines anglikanischen Geistlichen zu erlangen, von dem sie nichts weiter wissen, als daß er ein guter Mann und dem Glauben nahe ist, — diese Dinge sind keine Zeichen eines außerordentlichen religiösen Ernstes oder auch nur von Menschen, die nach Vollkommenheit streben. Sie sind einem Katholiken natürlich; derselbe macht schwerlich einen Prozeß der Selbstüberredung durch, um sie zu thun; sie kommen ihm von selbst, als die Wirkungen eines Instinktes, über den er wahrscheinlich in seinem Leben nie fünf Minuten nachgedacht hat. Wie häufig wird ferner der Beichtvater von kleinen Kindern mit Bitten bestürmt, wie die folgenden: „Pater! darf ich beten, daß Papa oder Mama katholisch werden? darf ich dieses oder jenes Gebet für sie verrichten?" Dennoch hat Niemand das Kind dazu aufgemuntert; es hat ein immer zunehmendes Gefühl der Unruhe in der Sache, einfach deßwegen, weil es katholisch ist. Wir haben Erfahrungen auf beiden Seiten gemacht, und nie gehört (natürlich wird es Ausnahmen geben), daß protestantische Kinder in gemischten Ehen sich ähnlich beunruhigt fühlen, oder darin eine Quelle wirklichen kindlichen Leidens finden, das ihren heitern Sonnenschein zu Zeiten verdüstert.

Da ist ferner ein guter Pater, der friedlich in der

Zurückgezogenheit seines Klosters lebt; das heilige Sakrament ist ein Genosse des Hauses, und alle Dinge, die ihn umgeben, athmen Gebet und beseligende Abtödtung. Was ist seine Aufgabe in seiner Zelle? Vielleicht arbeitet er zehn, zwanzig, dreißig Jahre an einem System der Moraltheologie. Während er gegen sich selbst bis zum Uebermaße streng und durch ein Gelübde verbunden ist, nach Vollkommenheit zu streben, und während er jede Pflicht alle Tage seines Lebens eher bei dem Lichte des Rathes als des Gebotes betrachtet aus Liebe zu andern und zu jenen schlimmsten und kaltherzigsten Sünden der Erde, studirt er emsig das gesetzlich Erlaubte, nicht das Vollkommene. Er zieht die Linie zwischen dem, was Todsünde und was läßliche Sünde ist, so fein als er kann. Er dehnt den elastischen Geist der Dispensen bis zu seiner äußersten Grenze aus, forscht nach dem niedrigsten Grade einer guten Gemüthsverfassung, auf welche hin eine Absolution ertheilt werden kann, und in der Behandlung dieses einzigen Theils seines mühsamen und widerwärtigen Gegenstandes geht er gleichsam durch die Flammen, zitternd, aber dennoch unbeschädigt. Die Herzen derer müssen in der That gemein sein, die hierin nicht eine Uebung der christlichen Liebe sehen, welche wirklich heroisch ist; denn die Heftigkeit des Leidens steht im Verhältnisse zu der Zartheit des keuschen Sinnes. Kleinen Dank wird er von der Welt ernten für diese seine Liebe zu den Seelen. Seine Kenntniß der Sünde wird man als einen Beweis für die innere Schlechtigkeit seines Klosters ansehen. Seine beharrliche Geduld in Einzelheiten wird man im Triumphe als einen Beweis für die habituelle

Geistesrichtung eines im Cölibate lebenden Priesters anführen. Man wird sich boshafter Weise auf sein Werk berufen, als wenn es eine Sammlung von Empfehlungen und Räthen wäre, ein Maßstab für das katholische fromme Leben, gerade wie wenn ein Werk über die Behandlung einer Krankheit ein Bild von der normalen Gesundheit der Bevölkerung wäre. Menschen, die nie beten, werden Stellen aus ihrem Contexte herausreißen und wieder veröffentlichen, von denen der Verfasser jedes Wort wahrscheinlich auf seinen Knieen schrieb und dann halb mit seinen Thränen auslöschte; oder sie werden mit einer ihnen eigenen fühllosen Gemeinheit das in der Muttersprache an andere austheilen, was der Verfasser in einer Vorrede selbst Studirenden zu lesen verbot, bis sie wirklich berufen werden, ihr ehrwürdiges Amt zu üben und sich so auf den Beistand der gegenwärtigen Gnade Gottes verlassen können. Der Ungläubige wird mit Entsetzen erfüllt, der Ultraprotestant lacht in's Fäustchen, und das Traktätlein wird in Bücherläden von schlechtem Rufe als ein Reizmittel und eine Unterhaltung für die schlechtesten Leidenschaften der Menschheit verkauft. Dieß ist sein Lohn von der Welt. Aber inzwischen hat sich sein Einfluß in der Kirche verbreitet; er hat vielleicht von tausend Beichtstühlen Besitz genommen; seine Weisheit, seine Leutseligkeit und seine Ueberredungskraft ergießen sich in die Ohren zahlloser Pönitenten in allen Theilen der Welt; Gewissen anerkennen in einer glücklichen Umwandlung die Herrschaft seiner Milde und während sein Name als ein Ding vom Uebel in dem tobenden Lärm und auf der wüthenden Kanzel von Exeter-Hall herumgetragen wird, sammeln sich erlöste Seelen um den Thron im Himmel, deren Sünden in dem Blute des Lammes abgewaschen sind, und deren ewiges Heil unter Gottes Beistande den beharrlichen Nachtarbeiten jenes in klösterlicher Stille lebenden Priesters verdankt wird, der bei all seiner undankbaren Mühe bloß durch die inbrünstige Gluth der Liebe für die Seelen aufrecht gehalten wurde.

Oder wenn wir zu den mystischen und weiblichen Heiligen übergehen, deren übernatürliches Leben ein Gewebe von Extasen, Visionen und himmlischen Höhen des Gebetes ist, deren klösterliche Zurückgezogenheit und Unbekanntschaft mit der Sünde, Schwäche des Geschlechtes und beständige Versunkenheit in Gott sie für jede thätige Theilnahme an dem äußern Kampfe ungeschickt zu machen scheinen, welcher zwischen der Kirche und der Welt vor sich geht —, wie verschieden finden wir da die Sache in der Wirklichkeit! Nirgends ist der Instinkt für die Seelen feiner, thätiger; nirgends spricht sich der Abscheu vor der Sünde als einer Beleidigung des Bräutigams der Seelen bestimmter oder energischer aus; nirgends läßt Gott sich häufiger herab, seine drohenden Gerichte über Sünder mitzutheilen, oder zur Buße, zum Leiden und zur Fürbitte aufzufordern. Oft ist das Interesse, das an den äußern Schicksalen der Kirche genommen wird, die Ursache der innigsten Angst für jene auserwählten und zurückgezogenen Seelen. Es ergreift sie wie eine lebenslange Leidenschaft, die so heftig scheint, wie ihre Liebe zu Jesus, weil es in der That ihre Liebe zu Ihm ist, die sich so offenbart. Es verursacht ihnen den heftigsten physischen Schmerz oder schwere geistige Leiden, die wir vielleicht in

Gedanken mit der Todesangst im Garten vergleichen dürfen. Gotteslästerung und Entheiligung des Sonntags wird das fast unerträgliche Kreuz für Klosterfrauen sein, die von ihren Mädchenjahren an nie zur Pforte herausgekommen sind. Ihre Heiterkeit wird ebben und fluthen mit der Verdunkelung und dem Glanze, mit dem Abnehmen und Zunehmen des heiligen Stuhles, wie es bei der heiligen Katharina von Siena der Fall war. Ihre Herzen wollen verzagen über der Verbesserung des Klerus und sie werden sich deshalb kühn an Gott wenden, wie die heilige Brigitta. Sie werden im Geiste über ungeheure Strecken unbekehrter Länder hingetragen, und selbst verborgene Apostel werden, wie wir in dem wunderbaren Leben der Schwester Maria von Agreda lesen, die jene Offenbarungen herausgab, welche den Titel „Mystische Stadt Gottes" haben. Sie, die unschuldigsten jungfräulichen Seelen, werden glauben, daß die Unruhen der Welt bloß die Schuld ihrer eigenen Sünden sind, und sich deshalb zu Opfern schrecklicher Buße machen, wie es die Schwester Minima di Gesù Nazzarino that, eine Karmeliterin von Vetralla in der Diözese Viterbo, während der Leiden Pius VI. und Pius VII. Sie werden endlich sogar die Gabe erhalten an zwei Orten zugleich zu sein, damit sie der Sünde Einhalt thun und die Sünder warnen können, wie es bei der Schwester Josepha Maria de Santa Jnes, der Augustinerin von Beniganim in der Diözese Valencia der Fall war, deren Leben von einem Vater des Oratoriums zu Valencia beschrieben worden ist. Aber es würde endlos sein, die Fälle alle aufzuzählen. Wenige Dinge sind für einen Studirenden der Hagiologie wunderbarer, als die Art und Weise, wie es Gott gefiel, seine mystischen Heiligen gleichsam zu Sinnpflanzen der Kirche zu machen; es ist die Wirkung des Instinktes für die Seelen in seinen zartesten und übernatürlichsten Offenbarungen. Wenn wir in Demuth versuchen dieß zu verstehen, indem wir uns gewaltsam über unsern niedern Standpunkt erheben, dann können wir einen Blick werfen in den Eifer der englischen Chöre für die Ehre des incarnirten Wortes und für die Verherrlichung des Allerhöchsten, und mittelst jenes Eifers schauen wir mit Verwunderung hinein in jene noch wunderbaren Tiefen des unbefleckten Herzens Mariens, und vertiefen so unsere Kenntnisse, erhöhen unsere Anbetung und vermehren unsere Liebe zu dem heiligen Herzen Jesu, der Quelle des kostbaren Blutes und dem Ursprunge dieses geheimnißvollen Instinktes für die Seelen der Menschen.

Die ganze Anbacht für die Seelen im Fegfeuer ist eine Beleuchtung des nämlichen Gegenstandes. In ihr betrachtet man die Seele allein, geschieden vom Leibe, und dieß flößt dem Geiste ein Interesse für die einfache Seele ein, von der man sich sonst so schwer einen Begriff macht. Der Trieb der christlichen Liebe wird nicht einmal befriedigt, wenn der Tod die Gabe der endlichen Beharrlichkeit im Stande der Gnade besiegelt hat. Er folgt der Seele in ihre wahrscheinliche, aber ungewisse Haft, die sie von der beseligenden Anschauung ferne hält. Er thut Buße für sie, wendet ihr Abläffe zu, hält Leiden aus und opfert sie auf und widmet die Meinung des anbetungswürdigen Meßopfers dem Troste derselben. Nirgends verbindet sich die Liebe der Seelen so schön mit dem Hunger und Durst für Gottes Ehre als in dieser Andacht für die frommen Dulder des Fegfeuers. Die Liebe zu den Seelen rührte das heilige Herz des Gottmenschen so, daß Er sein Blut vergoß, um sie für sich zu erkaufen. Hinfort wird jene Liebe der Seelen das Leben seiner Kirche, das Motiv seiner Diener, die Leidenschaft seiner Heiligen. Die Welt und die Wege der Welt gerathen in Aufruhr durch ihre Angriffsoperationen. Die Seele, was für sie am besten, am sichersten, am höchsten ist, dieß ist unser Maßstab; alle Dinge werden darauf bezogen, alle Dinge darnach bemessen, alle Dinge darnach geschätzt, und zwar sogar auf die Gefahr hin zu scheinen, wohlgemerkt, zu scheinen, aber nicht zu sein, unwahrhaft, zweideutig in Worten, gleichgiltig gegen Versprechungen, unbekümmert um Gelübde, ungehorsam gegen Eltern, rücksichtslos gegen die Gefühle anderer, engherzig, stolz in Rede, bitter in Gedanken und unduldsam im Handeln. Es ist eine Seele; Jesus starb für sie; Gott zahlte mit seinem Blute, daß sie auf immer glücklich und sein eigen wäre. Sie ist bekehrt worden, sie hat den Kampf gekämpft, sie ist in der Gnade gestorben, aber sie hat vielleicht noch nicht die Füße ihres geliebten Herrn erreicht, und es ist ihr noch nicht gelungen, seine theuren Wunden zu küssen; deshalb ist die katholische Liebe mit ihr noch nicht fertig. Engel, beladen mit den Früchten jener unermüdeten Liebe sollen unaufhörlich hin- und herfliegen zwischen dem Lande der Lebendigen und dem unsichtbaren Reiche des heiligen Leidens. Nicht eine Messe soll aufgeopfert werden, ohne daß ein Memento für die Abgeschiedenen eingelegt würde; nicht eine kanonische Stunde soll gebetet werden, ohne daß sie mit einem geflüsterten Gebete schließt für ihren Frieden. Abläſſe ſollen es für ihr Adelspatent anſehen, wenn ſie auf die armen Seelen anwendbar ſind. Gebete, Handlungen, Leiden, Genugthuungen, Bußen, Abläſſe —, ganze Laſten voll von dieſen Dingen ſollen ſtündlich aus dem Hafen des Glaubens fortgeſchifft werden für die leidende Kirche in ihrem reinigenden Feuer. Ja, es wird der einzige Lebenszweck, die eigenthümliche Methode der Heiligung, der einzige und hinreichende Heroismus der Schweſter Franziska von Pampeluna ſein, für die armen Seelen zu beten. Und Theologen der Kirche werden es gut heißen, und jener würdigen Tochter der heiligen Thereſia zum voraus den Namen einer Heiligen geben. Die Kirche allein beſitzt jene Wagſchalen des Heiligthums, worin eine Seele richtig gewogen werden kann.

Es ſcheint ein ganz charakteriſtiſcher Zug der katholiſchen Nächſtenliebe zu ſein, daß ſie einen tiefen Schmerz über die Sünde als eine Beleidigung eines unendlich guten Gottes mit der Abweſenheit alles Zornes und aller Härte gegen die Perſon des Sünders vereinigen kann. Denen, die außerhalb der Kirche ſtehen, erſcheint der innerliche Schmerz, welchen die Heiligen ſchildern, entweder als die Unwirklichkeit eines falſchen Myſticismus oder als Entwickelung einer nicht ſchriftgemäßen Anſicht von der Genugthuung und ſtellvertretenden Buße, während die janſeniſtiſchen Sympathien des Proteſtantismus in unſerer durch die Liebe eingegebenen Verſtellung gegen die Sünder nichts als einen Beweis von moderner ſittlicher Erſchlaffung und römiſcher Verdorbenheit finden. Der Ton der engliſchen Geſellſchaft, die Urtheile, die man ſich in der

Conversation erlaubt, Vorkommnisse in der Familiengeschichte und die Critiken der Presse zeigen hinlänglich, daß der Protestantismus diese zwei Dinge nicht mit einander vereinigen kann. Dieß ist das ausschließliche Privilegium des katholischen Seeleneifers. Es ist wohlbekannt, was für Schätze die Kirche aufhäuft durch vollkommene Seelen oder solche, die nach Vollkommenheit streben und die Tugend in einem heroischen Grade üben. Unser Herr sagte zur heiligen Theresia, daß eine einzige solche Seele in seinen Augen mehr Werth habe als hunderte von gewöhnlichen Katholiken, die ihren Dienst nur auf die Gebote beschränken. Wenn wir indessen Bücher über mystische Theologie aufschlagen oder in das Geheimniß des Beichtstuhles oder in das Innere des Klosters bringen, wo ein Beichtvater irgend Jemand die steilen Höhen eines übernatürlichen Lebens hinaufleitet, mitten unter den seltenen und gefährlichen Gaben einer ungewöhnlichen Gnade, so finden wir selbst da, daß die Sicherheit der sündhaften Seele und nicht die Gabe der vollkommenen Seele die Regel ist, nach welcher Rath ertheilt wird, und auf welche das Verfahren sich gründet. Der Beichtvater ist gewarnt, daß wenn ein Beichtkind von Gott eine Offenbarung über den Zustand der Seele eines Sünders empfängt, er nicht sogleich den Sünder an seine Gefahr erinnern soll, wenn er gleich die Offenbarung geprüft und gebilligt haben mag, sondern er soll, um denselben nicht zu erschrecken oder ihn zu sehr zu betrüben und niedergeschlagen zu machen, Gott selbst bitten, daß Er der unglücklichen Person auf dem gewöhnlichen Wege passende Gefühle der Buße einflöße, oder er soll sie mit Umschweifen und auf eine

2*

schonende Weise warnen, ohne ihr, wenn es nicht absolut nothwendig ist, wissen zu lassen, daß die Finsterniß ihrer Seele ein würdiger Gegenstand für die göttliche Offenbarung gewesen sei. Dieß soll sein Verfahren sein, wenn Gott ihm nicht ausdrücklich das Gegentheil zu verstehen gibt. Noch auffallender und schöner zeigt sich dieser Instinkt der Zärtlichkeit für die Seelen in den Regeln für die Prüfung der Offenbarungen, wie sie von den besten mystischen Schriftstellern aufgestellt werden. Wenn die Person, welche eine Offenbarung über den Zustand eines Sünders empfängt, aufgeregt ist über die Beleidigung Gottes, oder heftig oder erzürnt, oder wenn sie sich unfreundlich über den Sünder äußert, oder einen Ausbruch des Eifers hat, oder einen unruhigen Kummer, dann darf der Seelenführer daraus schließen, daß die Offenbarung vom bösen Geiste ist, und nicht von Gott. Wenn aber die Person innerlich nicht getrübt wird, keine Verachtung fühlt, sondern den Werth der Seele, deren Elend ihr geoffenbart wird; wenn sie ihre Rettung inbrünstig wünscht, und sich nur mit einem ruhigen und milden Schmerze über die Beleidigung Gottes kränkt (tranquille dolens de divina offensione); dann sind dieß die Zeichen, daß es wirklich der heilige Geist, der Tröster, ist, der in das Herz seines Dieners gesprochen hat. Folget der Kirche, wohin ihr wollet, dieser Instinkt für die Seelen bleibt sich immer auffallend treu, und wirkt ebenso gleichmäßig auf den Höhen der mystischen Beschaulichkeit, als in dem fast berufsmäßigen Mitleiden bei der regelmäßigen Mission, bei den erweckenden geistlichen Uebungen, den Fastenpredigten oder im Beichtstuhle.

Allein dieser Instinkt für die Seelen, der ein solches Merkmal der wahren Kirche ist, wird von der Welt wenig verstanden. Er ist nach der Schätzung der Menschen eine niedere Ansicht; er ist niedrig in seinen Zielen, gemein in seinen Thätigkeitsäußerungen; er nimmt sich nicht gut aus neben nationalen Bewegungen, politischen Plänen, Zeichnungsschulen oder Krhstallpaläſten. Ja, als Gregor XVI. mit Thränen in den Augen, voll Liebe in einen englischen Reisenden gedrungen war, nicht zu warten, bis alle Anglikaner in Masse bekehrt wären, sondern bloß seine eigene Seele zu retten, so schrieb ein Freund in Oxford, er schäme sich, daß der Papst die Sache von so niedrigem Standpunkte aus nehme, während er dem Anglikaner hätte empfehlen sollen, wie der heilige Paulus ein Anathema für seine Brüder zu sein. Indessen was auch Oxford und die Welt von diesem Instinkte für die Seele denken mögen, wir können billig annehmen, daß er für die Leser der Leben der Heiligen ein Gegenstand von nicht gewöhnlichem Interesse ist, und der Gedankengang, welchen die Leben des Paters Segneri und des Paters Pinamonti wahrscheinlich erwecken werden, wird es werth sein eine Weile sich dabei aufzuhalten.

Durch die Gnade Gottes hat die katholische Bevölkerung Englands jetzt nicht selten den Segen, daß Missionen unter ihnen gehalten werden. Ob es durch die Söhne des heiligen Ignatius oder des heiligen Alphons oder des gottseligen Paul vom Kreuze geschieht, ist gleichviel; es gibt jetzt ohne Zweifel hunderte von Seelen in England, die guten Grund haben, den Tag zu segnen, an welchem die Mission in ihrer Stadt, in ihrem Dorfe ober in der Nachbarschaft eröffnet wurde. Die Missionen sind einer von den Charakterzügen der neuern Kirche, und es scheint jetzt natürlich, daß wir nach unsern geringen Kräften die Sache der Mission haltenden Väter dadurch zu unterstützen suchen, daß solche Leben der Heiligen herausgegeben werden, die am meisten darauf abzielen, in den Gemüthern der Menschen Liebe und Achtung für jene heiligen Uebungen zu erwecken. Aber mehr als dieß. Alles, was die Kirche thut, ist eben jetzt für die außerhalb derselben ein Stein des Anstoßes. In Folge der ungewöhnlich aufreizenden Wirkungen neuerer Ereignisse und des immer mehr anschwellenden Stromes von Conversionen ist sie gleichmäßig ein Aergerniß für jene, die nicht zu ihr gehören, sie mag weinen oder pfeifen, essen oder fasten. Die katholischen Volksmissionen sind der Geißel der modernen Controverse nicht entgangen. Sie sind fehlerhaft im Prinzip, oder wir verstehen nicht, sie zu halten, oder jedenfalls wollen diese Leute uns unsere Mißgriffe zeigen, oder sie wollen uns ein vornehmeres Muster aufstellen oder sie wollen in die Zukunft schauen und prophezeien — wollte Gott, es zeigte sich dabei weniger, daß der Wunsch der Vater des Gedankens ist! — daß unser Werk nicht von Bestand sein werde. Dabei sind unsere Gegner so überzeugt Recht zu haben, daß sie uns unsere Fehler nur andeuten dürfen, und wir werden sodann für die wohlgemeinte Aufklärung dankbar sein. Dieser Umstand macht es also rathsam, etwas über die Missionen zu sagen. So viel können wir thun, wo nicht mehr; wir können unsern Gegnern zeigen, daß wir noch bei Troste sind und, wenn auch im Irrthume, das, was wir thun, mit festem Vorsatze und mit reifer Ueberlegung thun.

Die anglikanischen Ansichten über katholische Missionen und die Bekehrung der Sünder setzen uns in den Stand, mehr als irgend etwas zu ermessen, wie weit der englische Protestantismus von seiner feinsten bis zur gröbsten Schattirung von der katholischen Wahrheit und Praxis abgekommen ist. Es kommen in der Diskussion Prinzipien zum Vorschein, die sich auf das eigentliche Leben und Wesen der Kirche beziehen. Lehren über die Sünden und die Seelen und unser eigenes Gefühl der Sündhaftigkeit sehen wir mit stiller Thätigkeit unter dem Volke wirksam, im seltsamen Gegensatze zu den äußern Ansichten und erfolglosen papiernen Entwürfen der Anglikaner, die eben jetzt bei einem grausam unempfänglichen Publikum ihrer eigenen religiösen Gemeinschaft um bloße Toleranz und weniger schonungslosen Spott anhalten.

Betrachten wir das Werk der Kirche als einer seelenrettenden Anstalt während der letzten drei Jahrhunderte, so fallen uns drei merkwürdige Aeußerungen ihres Instinktes auf, und zwar zuerst die geistlichen Uebungen des heiligen Ignatius. Nie bis zum Tage des Gerichts kann es bekannt werden, was diese heilige und zeitweilige Zurückgezogenheit aus dem Lärm der Welt zur Uebung der Andacht unter Ordensleuten, Geistlichen und Laien zur Ehre Gottes gethan hat. Viele wurden von der langen Gewohnheit einer herrschenden Sünde befreit; Berufungen wurden entdeckt, Lauheit in Inbrunst verwandelt, religiöse Noviziate bevölkert, gewöhnliche Priester zu Aposteln erhoben, Pläne zu großen Werken entworfen, und es fanden sich Herzen, dieselben zu wagen und auszuführen; ganze Pfarreien wurden verbessert, religiöse Genossenschaften neu belebt, die Gesellschaft in Stadt und Land wiederholt sittlich erneuert, — jedes dieser Dinge stellt uns unzählig viel Gutes dar, was durch die Exercitien des heiligen Ignatius bewirkt wurde. Rossignoli's Buch, „die Wunder Gottes in den geistlichen Uebungen", deutet eher die verschiedenen Triumphe der Gnade in dieser heiligen Zurückgezogenheit an, als daß es dieselben erschöpft.

Zweitens finden wir sodann nicht nur als Gegensatz, sondern als Ergänzung dieser gelegentlichen und durchdringenden, aber nichts desto weniger andauernden Erneuerungen die beständigen und stationären Uebungen des heiligen Philipp Neri, eine Reihe liebreicher Erfindungen zur Förderung des geistlichen Lebens, wo sich das innerliche Gebet, lange religiöse Vorträge, wöchentliche Geißlungen und Besuch der Spitäler voll ansteckender Kranken auf seltsame Weise mit musikalischen Oratorien, fröhlichen Wallfahrten zu interessanten Kirchen und Ausflügen in die Weinberge zur geselligen Unterhaltung verbinden. Der Gegenstand dieser letztern ist ruhige und freudige Beharrlichkeit im Dienste Gottes. Ihr Endzweck ist, das christliche Leben in großen Städten zu fördern und dieser Zweck wird hauptsächlich durch die sittliche Reinheit ihrer jugendlichen Bewohner angestrebt. Die Welt soll nicht länger ein Monopol ihrer eigenen Vergnügen haben, noch der Teufel ein Patent für Recreationen, und wer sich die Mühe nimmt, die Grundzüge der Exercitien des heiligen Philipp zu lesen, kann daraus ersehen, daß auch diese Dinge ihre Triumphe in der Sache Gottes feierten, und überdieß, daß vermehrte Sittenstrenge, ja sogar Vollkommenheit in der Welt aus all der scheinbaren Laxheit hervorging, die man dem das ganze Jahr hindurch dauernden Carneval des heiligen Philipp schuld gab*). Drittens kommen „die Missionen", die apostolischen Reisen und apostolischen Aufenthalte heiliger Männer, die für die Massen in Stadt oder Land thun, was die geistlichen Uebungen für besondere Klassen und für Einzelne gethan haben. Gottesräuberische Beichten

---

*) Die Beschreibung der Exercitien des Oratoriums, die in England am besten bekannt ist, ist wahrscheinlich diejenige, die Blanco White in seiner Autobiographie gibt. Aber dieß waren nicht die Exercitien des heiligen Philippus, sondern des heiligen Ignatius. Ueberall scheint das Oratorium den Boden eingenommen zu haben, der leider durch die Vertreibung der Jesuiten leer gelassen worden war. Es war und ist so in Spanien; es war unlängst so, und kann noch jetzt so sein in Mexiko. In Florenz erhielten vor einigen Jahren die Oratorianer den Spitznamen „die Konsuln der Jesuiten", und theilten mit den Missionen des heiligen Vincenz den Boden, von welchem die Kinder des heiligen Ignatius verbannt worden waren. So waren des P. de Vega's Exercitien zu Sevilla, wie die in der Cava zu Cadix, welche Blanco White beschreibt, streng genommen jesuitisch. Natürlich kann nichts vollständig die Stelle der Gesellschaft Jesu ersetzen, wo ihre segensreichen Arbeiten gehindert sind; aber daß wir die Kinder des heiligen Philippus auf beiden Seiten des atlantischen Oceans alles thun sehen, was sie können, um die Lücke auszufüllen, dieß ließ sich von der Freundschaft der Stifter und von der instinktmäßigen Sympathie und dem freundlichen Verkehre zwischen der Gesellschaft und dem Oratorium erwarten.

werden wieder gut gemacht, Streitigkeiten beigelegt, Beleidigungen vergessen, unrechtes Gut zurückerstattet, Aergernisse entfernt, schändlicher Lebenswandel aufgegeben, ungiltige Ehen giltig gemacht, Ungläubige und Irrgläubige bekehrt, schlechte Katholiken wieder gebessert; — ein wohlgerütteltes und überlaufendes Maß von solch vortrefflichen Früchten war die Folge dieser nämlichen Missionen, und von diesen wollen wir jetzt etwas sagen. Sonderbar, daß die verkehrte Lust zu kritisiren hier Stoff zum Tadel finden mußte!

Es wäre interessant, das Seitenstück zu diesen drei Dingen in frühern Zeiten nachzuweisen. Man kann kaum sagen, daß es neue Ideen in der Kirche sind; dennoch sind sie in spätern Tagen so merkwürdig gestaltet und zu einer Art von Wissenschaft gemacht worden, daß man sie mit vollem Rechte als charakteristische Merkmale der neuern Kirche anführen kann. Protestantische Schriftsteller waren nicht immer blind gegen ihre Verdienste, und ernstgesinnte Männer wünschten sie nachzuahmen, indem sie frei und offen ihren mannigfachen Segen anerkannten. Während geistliche Uebungen von einem Theile der Anglikaner versucht worden sein sollen, haben die Missionen die Aufmerksamkeit eines seeleneifrigen Würdeträgers der Hochkirche auf sich gezogen. Man suchte nach katholischen Mustern in Büchern, und das protestantische Banbury sah mit nur halb erregtem Erstaunen (zu seiner eigenen Schande sei es gesagt) den Versuch zu einer katholischen Mission von einem protestantischen Bischofe in seiner Pfarrkirche gemacht. Die geistliche Mahlzeit, die bei der Gelegenheit aufgetischt wurde, war ein wenig kalt und für die Augen eines katholischen Priesters sonderbar ausgewählt und noch sonderbarer zusammengesetzt, wenigstens verschmähte sie jene geistliche Chronologie, wenn wir so sagen dürfen, woran wir in solchen Dingen gewöhnt sind. Sie hatte aber Ein Verdienst: es war nichts an ihr, was der Achtung der Menschen vor dem äußern Ansehen einen Stoß geben konnte. Sie verlor jedoch im Herzen, was sie an äußerem Anstande gewann; aber es war wohlgemeint, und wenn der protestantische Prälat in seiner löblichen Thätigkeit mit den Erfolgen eines Paters Segneri oder eines gottseligen Leonhard von Porto Maurizio nicht wetteifern konnte, so war es mehr sein Mißgeschick als sein Fehler. Nüchterne Feierlichkeiten frösteln uns zuweilen an und die äußere Würde lastet auf uns wie ein Druck. Der Bischof war ohne Hilfsmittel; er war ihr Gefangener und ihr Opfer. Er hatte keine Sendung, er hatte keine Sakramente, der Geist wollte nicht durch ihn sprechen; was konnte er thun? Er gab, ohne daran zu denken, Zeugniß von der Güte und der Macht katholischer Missionen und wir danken ihm in nicht unfreundlicher Gesinnung für sein Zeugniß.

Wir Engländer sind versucht, allzusehr auf materielle Resultate zu sehen, auf das Apostolat von Ziegelstein und Mörtel zu vertrauen, einen Lärm zu erheben über die Statistik der Schulen, und uns an der Einweihung neuer Kirchen zu weiden. Dies sind allerdings ganz vortreffliche Dinge, und ebenso sind es neue Bücher, neue Zeitschriften, erfolgreiche Kontroversen, und die Verbreitung von Traktaten nach Tausenden, die Einführung gewisser Schriften in Buchläden an den Eisenbahnstationen, eine erhöhte Thätigkeit unter den Mitgliedern des katholischen Glaubens, bessere Mittel zu

einer katholischen Organisation, und Komités, um die
Verfolgung in Schach zu halten. Diese Dinge sind an
sich vortrefflich, und auch vortrefflich, weil sie sehr großen
Einfluß haben auf die Bekehrung der Sünder, auf das
Heil der Seelen und die geistliche Wohlfahrt der Armen;
auch werden das Gewinsel oder die Drohungen lärmma=
chender Zeitungen uns nicht überzeugen, daß wir nicht
selbst am besten wissen, was wir zu thun haben, noch
werden sie uns von dem Wege zurückschrecken, den wir
aus Gründen etwa einschlagen. Aber das Verführerische
für uns ist, daß wir diese Dinge zu unserer einzigen oder
Hauptaufgabe machen, weil wir Aufsehen machen, Ein=
würfe zum Schweigen bringen und einen Sieg gewinnen
möchten. Es mag daher an der Zeit sein, etwas über
katholische Missionen oder über die Art und Weise zu sa=
gen, wie die Kirche die Massen des Volkes und die Ar=
men behandelt. Lasset uns nur die Seelen im Auge be=
halten, und Gott wird uns in seinen Schutz nehmen.
Die Menschen können das Rad der Vorsehung nicht
sperren. Sie fürchten uns, weil wir Erfolge haben, und
wir werden fortfahren, Erfolge zu haben. Gott wird mit
uns sein, wenn wir nur uns selbst treu bleiben und den
Seelen, für welche Jesus sein kostbares Blut vergossen.
Darin liegt unsere Stärke; Gott ist hier mit uns; er
läßt uns jeden Tag seine Gnade sehen, fühlen, mit Hän=
den greifen; sie ist fast eben so sehr ein Gegenstand für
das Auge als für den Glauben. Daran ist nicht zu zwei=
feln. Das Wort ist ergangen, welches die Kinder Israels
auffordert, vorwärts zu gehen; weder Menschen noch
Mächte, weder die Polizei noch die Schule, noch irgend

ein System wird jenem Worte widerstehen. Glücklich; wer in diesem unsern theuren Heimathlande lebt, während jenes göttliche Wort über dasselbe ausgesprochen worden ist!

Ein großes Werk geht nun unter den Seelen vor sich, und zwar im Verborgenen. Die geräuschvolle Oberfläche der Massen ist nicht der Ort, wo wir graben; unser Kalifornien ist unterirdisch. Herr Mayhew sagt uns in seinem Werke über die Armen Londons, daß tausende von Obsthändlern in dieser einzigen Stadt sich zu gar keiner Religion bekennen, daß es aber, wenn sie eine annähmen, die katholische sein würde wegen der gegenseitigen Beziehungen zwischen den katholischen Priestern und den katholischen Armen. In einem der bevölkertsten Bezirke von Mittelengland war ein guter Priester über ein Vierteljahrhundert in Thätigkeit, und unter zwanzig Sterbenden, die er besuchte, waren es siebzehn Protestanten, die in jener letzten Noth nach ihm schickten, weil sie zu andern Geistlichen kein Vertrauen hatten. Daher konnten in dem jüngsten Aufstande bezahlter Leute und der Mittelklassen und aufgebrachter Diplomaten gegen papistische Uebergriffe diejenigen, welche man mit besonderem Nachdrucke das Volk nennt, nicht in Bewegung gesetzt werden, und ihre Zeitungsblätter schlugen sich auf die entgegengesetzte Seite. Jene, die bezahlt waren, Guy's zu verbrennen, verbrannten sie; ihre Begeisterung war eine Sache der Gerechtigkeit, und damit hatte sie ein Ende. Wenn es daher gut und weise ist, wie es sicherlich ganz erlaubt ist, wenn wir politischen Einfluß suchen und uns mit der Sache des Volkes verbinden wollen, so ist der niedrigere Zweck durch das selbstverläugnende Wirken für die Seelen zu erreichen, und man darf nie vergessen, daß politischer Einfluß und eine günstige öffentliche Meinung eine Zuflucht für schwache und minder hochherzige, aber doch mit Blut erkaufte Seelen sind, welche menschliche Rücksichten sonst verderben könnten. Was die Umtriebe betrifft, so haben wir hier nicht von denselben zu sprechen. Man muß entweder die ruhige Stimmung des Geistes verloren oder die Geschichte vergessen haben, wenn man nicht bemerkt, daß man die Katholiken, wie die Wespen, am besten im Frieden läßt.

Es ist heut zu Tage bei unserer protestantischen Kritik nicht die Mode, die Kirche als eine seelenrettende Anstalt zu betrachten; ja manche sehen dieß als ihren schwachen Punkt an. Es ist ihr, wie sie meinen, nicht gelungen, den moralischen Ton der Länder, in welchen sie herrschend ist, zu heben; zu Neapel gibt sie sich, wie Herr Gladstone behauptet, dazu her, die Gönnerin einer schlechten Regierung zu sein, und leiht ihr Ansehen gehässigen Katechismen, welche der Lehre des heiligen Thomas zuwider sind; ihre Lehre von den Sakramenten spielt dem Formalismus in die Hände, und Gewohnheitssünder wagen es, sich dem kostbaren Blute mit eben solcher Gleichgiltigkeit zu nahen, wie sie zu ihren täglichen Abwaschungen gehen; ein Gefühl geistiger Unruhe befriedigt sich in dem einen Falle eben so sehr, wie ein Gefühl körperlichen Unbehagens in Folge von Staub und Schmutz in dem andern Erleichterung findet. Ueberdieß hat die Moraltheologie der neuern Gottesgelehrten keine geringe Summe von den Erfordernissen einer gesunden Ethik abgezogen, und es hat sich nachgerade ein System gebildet, und die Kirche hat es

gutheißend aus den Händen des heiligen Alphons ange-
nommen, welches der Methode und dem Gefühle der frühern
Zeiten ganz entgegengesetzt ist. So sagen die Leute, und
es ist schwer, sie zu überzeugen, daß sie nicht recht haben,
so sehr scheint ihnen dieß alles an sich selbst klar. Allein
es würde nicht schwierig sein ihnen zu beweisen, daß die
Lehrsätze des heiligen Alphons, aus welchen die Folger-
ungen so wenig sittenstreng scheinen, sich eben so klar in
dem heiligen Paulus finden, und wenn sie die Punkte zu-
sammenstellen wollten, welche ihnen an dem Heiligen von
Neapel am meisten Aergerniß geben, so würden sie mit
Erstaunen sehen, wie reichlich und wie leicht sie ihre Be-
weisstücke mit Hinweisungen auf die Briefe des großen
Völkerlehrers versehen könnten. Seine allumfassende Men-
schenliebe, seine sorgfältige Beachtung dessen, was die Menschen tragen konnten, seine Nachsicht gegen die Unvollkom-
menheiten der verschiedenen Klassen seiner Bekehrten, seine
genau abgewogenen Vorwürfe, seine zeitgemäßen Worte
der Ermuthigung und des Lobes, seine leichte Nachgiebigkeit, welche den Antrieben eines solchen Löwenherzens, wie
das seinige, so unähnlich sah, — alle diese Dinge erinnern uns, wie sie selbst das Muster davon waren, an die
allumfassende Nächstenliebe, an die mitleidige Nachsicht und
zugleich erhabene und heilige Strenge des heiligen Alphons, und das erste Muster von ihnen beiden zeigte sich
ihnen in dem heiligen Herzen Jesu.

So ist ferner, wenn wir uns gewöhnt haben, die
Väter von einem unkatholischen Gesichtspunkte aus zu le-
sen, das Licht zum Erstaunen, welches auf sie durch das
Studium der neuern Moraltheologie geworfen wird. Viele

Dinge, die einst ein Räthsel waren, und noch mehrere, über die man hinüberging, ohne sie besonders zu beachten, werden klar und bedeutsam, wenn wir einmal den Geist und die Praxis der neuern Kirche recht begriffen haben, und gerade wie verschiedene Arten des innerlichen Gebetes und die technischen Eintheilungen der Betrachtung und Beschaulichkeit uns in den ersten Vätern deutlich vor Augen treten, wenn man sie bei dem Lichte der Kontroverse liest, welche der Quietismus in den Zeiten des ehrwürdigen Innocenz XI. hervorrief, ebenso wird uns die Aehnlichkeit der alten und neueren Methoden der Kirche, auf die Sünder und auf sittenverdorbene Bevölkerungen einzuwirken, deutlich, wenn wir die Geschichte der Verdammung Tertullian's oder die Reden des heiligen Chrysostomus bei dem Lichte der neuern Missionen lesen, von welchen die Lebensgeschichten späterer Heiligen uns so viele Beispiele darbieten. Es ist zum verwundern, daß Ezquerra in seiner Lucerna Mystika als Zeugen einer katholischen Ueberlieferung für die Rechtgläubigkeit dessen, was man jetzt mit einem technischen Worte „das Gebet des Glaubens oder die aktive Beschaulichkeit" nennt, den heiligen Martyrer Ignatius, den heiligen Cyprian, den heiligen Maximus, den heiligen Ibacius den Syrer, den heiligen Proculus, den heiligen Basilius, den heiligen Hilarius, den heiligen Johann Damascenus, den heiligen Athanasius, die beiden Gregore von Nazianz und Nyssa, den heiligen Hieronymus, den heiligen Ambrosius, den heiligen Augustinus, den heiligen Gregor den Großen, den heiligen Johann Chrysostomus, den heiligen Cyrillus von Jerusalem und den heiligen Cäsarius von Arles anführt.

Die Stellen aus den Vätern, welche Pater Segneri in seiner Concordia tra la Fatica e la Quiete anführt, scheinen fast die neueren Controversen über das Gebet zu prophezeien, und obwohl Grancolas in seiner Geschichte des Quietismus anerkennt, daß wir keine Beispiele förmlicher Methoden des innerlichen Gebetes vor dem elften Jahrhundert haben (einige sagen, nicht vor dem heiligen Bonaventura), so führt er dennoch Stellen aus Clemens von Alexandria, dem heiligen Gregor von Nazianz und dem heiligen Gregor dem Großen an, welche uns beweisen, wie genau die geistliche Leitung und das innerliche Leben der ersten Kirche den approbirten und kirchlich bestätigten Methoden unserer Tage folgte. Es ist wahr, daß frühere Schriftsteller unbestimmt über Lehren gesprochen haben, über die noch nicht kirchlich entschieden war, und ebenso gibt es Ausdrücke in der mystischen Theologie der Väter, wie z. B. auch in Ruysbroke und Tauler, welche seit der Häresie der Molinisten die Kirche vermöge ihrer Vollmacht verboten hat. Allein abgesehen von der Verdammung der früheren Häresien der Flagellanten, der Beguarden, der Palamiten, der Petrobusianer und der Waldenser, und vor ihnen der Gnostiker, der Manichäer und Eunomianer hatte die Kirche eine mehr oder weniger vollständige Kette patristischer Tradition, auf welche sie ihre Entscheidungen gegen die achtundsechzig Sätze des Molinos und Petrucci gründen konnte. Wie in Beziehung auf das Dogma und das innere oder mystische Leben, so wird hinsichtlich der Missionen und einer großen Menge geistlicher Uebungen ein sorgfältiges Studium der Schriften des Alterthums zeigen, nach welcher neuern Methode, wie man sagen könnte, der Instinkt der Kirche für die Seelen in früheren Jahrhunderten wirksam war, und wie vieles, was man für lax oder jesuitisch oder gemein oder von der frühern Praxis der Kirche abweichend zu halten geneigt ist, sein Vorbild in den alten Kirchenlehrern hat, deren Lob in allen Kirchen ertönt. Es wäre ein interessanter Gegenstand, die Methode der Kirche zu verfolgen, wie sie in den ersten Zeiten und im Mittelalter die Sünder wieder zu gewinnen suchte, und die Sünde behandelte.

Wir wollen uns nun zuerst zur Beantwortung der einfachen Frage wenden: Was sind Missionen? Der heilige Karl Borromäus sagt, ein guter Pfarrer sollte wie ein französischer Modehändler beständig neue Moden zum Vorschein bringen, um das Interesse wach zu erhalten und den Geschmack zu reizen. Dieses Gleichniß wirft kein kleines Licht auf die katholische Ansicht von dem Nutzen der Aufregung in geistlichen Dingen, im Gegensatze zu der stagnirenden Einförmigkeit und gleichgiltigen Nüchternheit einiger protestantischen Systeme. Ein guter Pfarrer sieht auf seine Herde mit heiliger und demüthiger Sorgfalt; sie sind an meine Predigt gewohnt, sagt er, Sonntag um Sonntag und Fest um Fest; einige von ihnen sind in der Irre gegangen und mögen sich mit mir in der Beicht nicht gerne auseinandersetzen, weil sie mich so gut kennen; dann herrschen auch einige Aergernisse in der Pfarrei, und ich kann sie nicht abschaffen, ohne scheinbar Partei zu ergreifen und mich zu einem Parteimanne zu machen. Die armen Wesen! es ist schon lange, daß sie keine Mission mehr gehabt haben, und Scaramelli sagt, daß eine Pfarrei nicht länger als fünf Jahre ohne eine sein sollte. Ich will an den Bischof schreiben und anfragen, ob ich eine halten darf. Es ist ein glücklicher Tag für einen Bischof, wenn er solche Gesuche empfängt, und seine Erlaubniß und ein warmer Segen dazu wird ohne Zögern abgeschickt. Unser guter Pfarrer verliert nun keine Zeit; er schreibt an die P.P. Redemptoristen; sie nehmen seine Einladung an, der Tag wird festgesetzt und die Mission gehalten. Es ist, wie ihr sehet, das Pfarrsystem, welches die Regulargeistlichen zu seiner Unterstützung und Ergänzung beruft. Es ist der Punkt, wo das eine sichtbar in das andere eingreift. Die Mission besteht aus einer Reihe von geistlichen Vorträgen (Predigten, sagt der heilige Alphons, dürfen es nicht sein), Katechismen, Conferenzen, mündlichen Gebeten, Prozessionen, öffentlichen Bußen und andern geistlichen Uebungen. In der Abhaltung dieser Missionen weichen die verschiedenen religiösen Orden und Congregationen von einander ab. Die Jesuiten haben eine eigene Methode und ebenso die Passionisten und die Brüder vom Orden der Barmherzigkeit. Was die Redemptoristen betrifft, so ist ihr heiliger Stifter der eigentliche Doktor und Prophet der Missionen; er hat das Missionhalten zu einer regelmäßigen Kunst gemacht und für jede Uebung der Mission Regeln gegeben, die in's einzelste gehen. Wir wissen nicht, wo die zärtlichste Liebe, die einfache Weisheit, die wohlüberlegte Milde, die himmlische Klugheit der christlichen Liebe in schönerem Lichte erscheinen, als in den Unterweisungen des heiligen Alphons für die Missionen, welche gewöhnlich mit der „Selva Predicabile" herausgegeben sind.

Es wird nicht unpassend sein, einige Beispiele hievon

zu geben, die ebenso erbaulich als unterhaltend sind. In dem Sentimento di Notte, einer kurzen Anrede in den Straßen, die beim Eintritte in die Stadt zur Eröffnung der Mission gehalten wird, soll der Prediger mit dem fürchterlichen Urtheile gegen die Sünder endigen, und dann keinen Akt der Reue mit ihnen erwecken, außer innerhalb der Kirche, da der Zweck ist aufzuwecken und zu schrecken, ohne den Sündern, welche eine Weile auf ihren stürmischen Gefühlen hin und her getrieben werden sollen, die Ruhe und Nähe des Hafens zu zeigen. Er soll bei dieser Eröffnungsrede Ansprachen vermeiden wie die folgenden: „O ihr Elenden, ihr getauften Türken, ihr Pechseelen," damit die Leute nicht aufgebracht und abgeschreckt werden. Herrscht irgend ein Aergerniß, dann soll die Rede nicht in der Nähe des Hauses gehalten werden, wo die schuldigen Parteien wohnen, sondern in einer andern Straße (nur so, daß sie es wo möglich hören könnten), damit der Schein von Persönlichkeit vermieden wird. Während der öffentlichen Geißlung soll der Pater mit einer Schelle mitten in dem Miserere ein Zeichen geben, und einen der Verse auslegen. Dieß gibt ihm Zeit, um sich zu schauen; wenn die Leute an ihren Gesichtern merken lassen, daß sie an der Selbstgeißlung genug haben, und keine große Lust mehr zu haben scheinen damit fortzumachen, dann soll er den übrigen Psalm überhüpfen, plötzlich das Gloria Patri anstimmen, und eine Hymne in der Muttersprache singen lassen. In dem Sentimento di Strascino, während die Leute ihre Zungen über das rauhe Kirchenpflaster hinziehen als Buße für ihr Schwören und Gotteslästern, sollen Priester zwischen die Reihen der Büßer vertheilt werden, um sie zu ermuntern, etwa mit folgenden Worten: „Bedenke, mein Bruder, diese Zunge müßte vielleicht ewig in der Hölle brennen. Jesus vergib mir meine bösen Worte! O heilige Maria, meine Mutter, opfere diese Abtödtung Gott für mich auf! O was für eine Wonne ist das Werk dieses Abends für die Engel!" Jene, deren Loos es ist, mit Seelen als Aerzte umzugehen, deren Beruf es ist, allen Alles zu sein, damit sie irgendwie einige gewinnen können, werden die Weisheit und die christliche Liebe verstehen, welche aus diesen lächerlichen Einzelheiten spricht. Sie könnten fast in's Unendliche vervielfältigt werden. Die Unterweisungen sind so gut wie das Leben des theuren Heiligen; er ist in allem daheim und schreibt fast mit Humor, nun da er alt geworden und den Jünglingen seiner Congregation Vorträge hält, wie sie sein Werk für ihn thun sollen, wenn er heimgegangen ist. Man kann den heiligen Alphons nicht recht verstehen, bis man diese Unterweisungen studirt hat; der ernste Bischof von St. Agatha mit seinen übernatürlichen Leiden stellt den heitern Missionär seiner frühern Jahre in den Schatten, welcher so voll genialen Witzes ist, bei all seinem feurigen Eifer, bei der Tiefe des Gebetes und dem unaufhörlichen Festhalten des Gedankens an Gott.

Vor dem heiligen Alphons schrieb Philipp de Mura ein großes Buch über die Kunst Missionen zu halten, das den Titel führt Il Missionario Istruito, und aus welchem der Heilige, wie er uns sagt, reichlich schöpfte. Sarnelli schrieb in seinen kirchlichen Briefen auch von den merkwürdigen Wirkungen der heiligen Missionen, und Moroni citirt in seinem Diktionär von ihm die Worte, daß eine einzige Mission in einer Stadt mehr Gutes wirkt als zehn Cyklus von Fastenpredigten, und daß, obschon die Frucht der Missionen vielleicht nicht lange andauert, dennoch mehrere Vortheile aus denselben entspringen sowol für den Klerus als für das Volk. Am 16. März 1702 richtete Klemens XI. ein Rundschreiben an die Bischöfe, worin er sie auffordert, ihren Diözesanen Missionen zu verschaffen. Er legt darin ein besonderes Gewicht auf vier Vortheile, die nach seiner Meinung daraus hervorgehen würden; dahin rechnet er den freimüthigeren Tadel von Mißbräuchen, die größere Reichhaltigkeit der Predigt (indem er sagt, das Wort Gottes werde nicht mit jener Klarheit gepredigt, wie es sein sollte), die Verbesserung der Sitten und die Geduld, womit man dem Volke durch Generalbeichten zu Hülfe kommt.

Viele Congregationen wurden in der Kirche mit der ausdrücklichen Absicht gestiftet, um Missionen zu halten, z. B. die Kongregationen für die Missionen der frommen Arbeiter (Pii Operaj) des heiligsten Sakramentes, der Odonisten und viele andere. Der Gebrauch scheint in der Stadt Rom selbst förmlich begonnen zu haben. Die Päpste ließen dieselben in Jubeljahren abhalten. Benedikt XIV. und Leo XII. wohnten denselben in Person an. Die städtische Mission zum Predigen in den Straßen an Festtagen wurde von den Jesuiten im Jahre 1610 eingeführt und vom Pater Caravita vervollkommnet. Pater Memmoni, der Jesuit, sagt uns in seinen historischen Notizen über das Oratorium der Generalkommunion, daß die Bruderschaft von den Aposteln in jenem Oratorium aus Künstlern bestehe, die bei den Missionen helfen. Die

Mission von Maria Hilf wurde für die Armen der römischen Campagna von Octavius Sacco, einem kalabresischen Edelmann, im Jahre 1638 in der Kirche von St. Thomas in Parione gestiftet, und von Urban VIII. zu einer Erzbruderschaft erhoben. Im Jahre 1711 eröffnete Pater Jakob Philipp Merlini di Bisso, ein Jesuit, eine Mission für die Mäher und Schnitter, indem er ihnen in der Mitte des Tags predigte, wenn die Leute ruhten, und eine andere Mission für Kutscher, die in der Abenddämmerung stattfand, und wobei die beiden Bruderschaften von den Engeln und Aposteln, Mitglieder des Oratoriums des Pater Caravita in der Muttersprache Hymnen sangen. Später stiftete Pater Johann Maria Ratti, ebenfalls ein Jesuit, das heilige Bündniß der Liebhaber des gekreuzigten Jesus, um das Werk der Missionen in der Stadt zu befördern. Im Jahre 1760 stiftete der Marquis Imperiali Lercari von Genua die Mission unserer Frau von den Gnaden. Seine Kongregation von Weltpriestern existirt noch in seinem Palaste in der Nähe von S. Maria Maggiore in Rom. In einem Theil des Jahres halten sie Missionen in den Diözesen des Kirchenstaates, und im übrigen Jahre veranstalten sie Exercitien, hören Beichten und besuchen die Spitäler in der Stadt. Mit diesem Hause verband Leo XII. das fromme Werk der nächtlichen Oratorien, welches vom Kardinal Antonelli eingeführt wurde, und die geistlichen Uebungen für Knaben zur Vorbereitung auf die erste Kommunion, welche Kardinal Vitaliano Borromeo in dem Kollegium Romanum stiftete.

Da es dem gegenwärtigen Papste gefiel, die Bruderschaft des kostbaren Blutes in der Kirche des Londoner Oratoriums aufzurichten, und dieselbe vermöge eines Rescripts vom 12. August 1850 mit sehr großen Abläßen zu bereichern, so können wir die Kongregation der Missionäre vom kostbaren Blute nicht mit Stillschweigen übergehen, deren Abläße dem Londoner Oratorium mitgetheilt worden sind. Eine Bruderschaft des kostbaren Blutes wurde in Rom unter dem Pontifikate Gregors XIII. errichtet und von Sixtus V. bestätigt. Sie wurde nachher mit der Bruderschaft der Gonfalone vereinigt, und die Brüder derselben, welche Priester waren, waren verbunden, Missionen zu halten. Sie hörte allmälig auf aus Mangel an Theilnehmern. Zur Zeit Pius VII. wurde eine Erzbruderschaft des kostbaren Blutes zu Rom in der Kirche von St. Nicola in Carcere aufgerichtet von Albertini, Bischof von Terracina, Bonnani, Bischof von Norcia, und Kaspar del Bufalo, Domherr von St. Marco, ein vortrefflicher Prediger, welcher als der Hauptstifter der Congregation angesehen wird, von der er dreizehn Häuser errichtet sah. Die Priester der Congregation dürfen im Schooße ihrer eigenen Familien leben, unter der Verpflichtung Missionen zu halten, so oft sie dazu aufgefordert werden, und wo immer ihre Obern sie hinschicken. Sie können auch in Gemeinschaft leben, aber es ist wesentlich, daß sie sich nicht durch Gelübde binden. Kaspar del Bufalo starb im Geruche der Heiligkeit zu Rom am 28. Dezember 1837, und in einem Lebensabrisse von ihm, der im Diario di Roma erschien, heißt er der Stifter gewisser barmherziger Schwestern, der Töchter Mariens, und gewisser geistlicher Uebungen für Priester und Laien. Er führte auch gemeinschaftliche Wohnungen für Cleriker ein, ben Unterricht für Knaben zu erften Communion und einige nächtliche Oratorien, und war der große Beförderer der Andacht zu dem heiligen Franz Xaver, den er zu seinem Schutzpatron und Vorbild erwählt hatte. Die französische Kirche, die nie etwas halb gethan hat, und vermöge eines unveräußerlichen Erbrechtes den Vorrang zu erben scheint, hat in dem Werke der Missionen erfolgreich mit Italien gewetteifert. Die Arbeiten des Cardinals Berulle und seines Oratoriums verfolgten großentheils denselben Zweck. Die Missionen Olier's, des Gründers von S. Sulpiz, bilden nicht den geringften übernatürlichen Theil seines höchst interessanten und erbaulichen Lebens, und die Arbeiten des heiligen Johann Franz Regis aus dem Jesuitenorden in den Provinzen, die jenseits der Rhone liegen, werden mit den unausgesetzten Eroberungen Segneri's und Pinamonti's jenseits der Alpen eine strenge Vergleichung aushalten. Der gottselige Leonhard von Porto Maurizio, der heilige Alphons und der ehrwürdige Paul vom Kreuze haben an den großen französischen Missionären zahlreiche Nachahmer gefunden, die ihnen an heiligem Eifer gleich kamen. Bald nach der Zeit des heiligen Vincenz von Paula gab es ungefähr vierzig approbirte kirchliche Kongregationen in Frankreich, deren Hauptaufgabe in der Abhaltung von Missionen bestand. Die Namen Yvan, Eudes, Bourdoise, de la Colombière, Grignon de Montfort, de Cheverus, Maunoir und Nobletz zeichneten sich zu ihrer Zeit aus, und leben noch im dankbaren Andenken der Katholiken fort. Auch Boudon, der fromme Archidiakon von Evreux, erholte sich von seinem übernatürlichen Stillschweigen unter schrecklichen und grundlosen Verläumdungen durch das heilige Werk von Missionen in der Ferne; ich sage: in der Ferne; denn er galt, wie sein Herr, nicht als Prophet im eigenen Lande. Wir könnten sowol einzelne Männer als ganze Congregationen anführen, um zu beweisen, daß die französische Kirche unserer Tage noch immer so reich ist als je an Sinn und Geist für das Missionswerk. Die Pariser Jesuiten, Ravignan*), der unter den höheren Klassen der Gesellschaft als Apostel wirkt, eine Arbeit, die viel Geduld erfordert, sich oft in ihren Erwartungen getäuscht sieht, aber unberechenbare Früchte bringt, Mellério mit seiner glücklichen Herde von Blusenmännern in der düstern Krypta von St. Sulpiz, die er mit dem Sonnenscheine seines heitern milden Geistes zu erfüllen weiß, der Abbé Jammes mit seinen siebzigtausend chinesischen Kindern, welchen sein weit in die Ferne reichender Eifer das Wasser der christlichen Taufe gebracht hat, die großen Namen eines Ferdinand Donnet, Erzbischof von Bordeaux, und des gegenwärtigen Bischofs von Nevers, der als Missionär im großen Rufe steht, die Congregationen der Sulpizianer, der Maristen und der Conceptionisten, die auswärtigen Missionen, nichts zu sagen von dem großen Werke der Glaubensverbreitung zu Lyon sind nur einige von den vielen glorreichen Zügen der neuern Kirche Frankreichs und des opferwilligen Lebens seines heroischen Klerus.

Sehr viele französische Diözesen besitzen eigene Ge-

---

*) Seitdem gestorben.

nossenschaften, Bruderschaften von apostolischen Missionären von Weltgeistlichen, die unter den Ordinarien stehen, aber mehr oder weniger in Gemeinschaft und nach einer Regel leben, und die durch ihren Eifer und ihre Thätigkeit und durch die mannigfaltigen Zwecke, die sie verfolgen, gleichsam eben so viele frische Augen und Hände für ihren Bischof sind. Mehrere dieser Congregationen genießen einen Ruf in der Kirche, der weit über die Grenzen der Diözese hinaus geht, deren Namen sie tragen, und es wird keinen Neid erregen, wenn wir eine von ihnen nennen, die wir besonders achten und lieben müssen, weil sie um unsertwillen das schöne Frankreich verließen und die Milde ihres Eifers und ihre stille, herzgewinnende Arbeit, so wie die verborgene Kraft ihres bemüthigen Lebens und das kostbare Beispiel ihres kirchlichen Geistes in unser minder glückliches Land brachten. Wir sprechen von den PP. Missionären der Diözese Bayeux, neue Eroberer aus der Normandie, von einer mildern Art und zu einem größern Zweck, welche die guten Mütter der Waisen in ihrem wichtigen und nützlichen Werke zu Norwood leiten, — einer der rührendsten Züge der katholischen Erneuerung unter uns. Wer dahin gehen, daselbst mit den Waisen einen Feiertag zubringen, Herz und Augen an den glücklichen Gesichtern der Kleinen, an der sanften Heiterkeit und würdevollen Demuth der Mütter und an der liebenswürdigen Weisheit der gemüthlichen Geistlichen weiden wollte, würde einen vergnügteren Tag zubringen, als er es vielleicht bisher in England für möglich hielt. Diese Väter der Congregation von Bayeux bilden einen Theil von jenem Kreise religiöser Genossenschaften, womit die weise und unermüdete Sorgfalt des Kardinal-Erzbischofs von Westminster in den verflossenen paar Jahren die Hauptstadt umgeben hat. Mögen die stolzen Herzen unserer lieben Landsleute wie die Mauern des belagerten Jericho fallen vor den Trompeten des göttlichen Wortes, welche diese verschiedenen Orden durch himmlische Unterweisung so kühn und so klug anstimmen; mögen die Väter von Bayeux vollen Antheil haben an dem Ruhme dieser furchtbaren Belagerung, wie sie ihn gewiß an der rauhen Arbeit derselben haben werden, und möge es dem Bischof und Hirten der Seelen gefallen, daß derjenige die Stunde des Sieges erlebe, dessen volles und so ungemein liebendes Herz am allermeisten durch den freudigen Anblick erfreut werden würde, — er, der Kirchenfürst, dessen Eifer die Belagerer dahin verpflanzte, und dessen Güte ihr Schutz und ihre Ermuthigung war in den Tagen verborgener Arbeiten und kleiner Anfänge.

Wir können diesen Gegenstand nicht verlassen, ohne zwei Einwendungen anzuführen, die oft gegen die Missionen vorgebracht werden, namentlich von nicht katholischen Schriftstellern. In einem Reisehandbuch, das vor einiger Zeit bedeutendes Aufsehen machte, brachte der Verfasser, während er den katholischen geistlichen Uebungen einen gerechten und edelmüthigen Tribut zollte, die Einwendung vor, daß sie am Ende nur Aufregungen und daher in ihren Wirkungen vorübergehend seien. Der Verfasser ist jetzt selbst Katholik und ziert die Kirche mit den vielen Tugenden, welche täglich jene erbauen, die das Glück seiner Freundschaft genießen. Er bedarf daher keiner Antwort, aber seine Einwendung. Dieselbe drückt in Wahrheit einen Unterschied zwischen Katholizismus und Protestantismus aus, der sehr tief geht. Der Protestantismus möchte gern die Massen erziehen, der Gesellschaft den Ton angeben, die Menge sittlich machen oder ihre Unsittlichkeiten verschleiern. Nicht mit der Sünde als Sünde oder mit den Seelen als Seelen hat er zu thun, während dieß gerade die Aufgabe der Kirche ist. Reißet einen Menschen aus seinen Sünden heraus, irgendwie, sei es, daß ihr ihn zum Lachen oder zum Weinen bringet. „Irgendwie," ruft der Gegner aus, „dann ist es wahr, daß ihr auf den Charakter der Mittel keine Rücksicht nehmet, die ihr anwendet. Irgendwie! das Mittel heiligt den Zweck! Dieß klingt sehr unmoralisch!" Nicht so schnell, mein Lieber, nicht so schnell! „Reißet Jemand aus seinen Sünden," dieß ist's, was wir sagen, und „irgendwie." Reißt ihn aus seinen Sünden, bringet ihn unter die Taufe des kostbaren Blutes, bringet ihn zur Beicht; bringet ihn dahin, daß er seinen Feinden verzeiht, das unrecht erworbene Gut zurückstellt, die nächsten Gelegenheiten zur Sünde meidet und einsieht, daß Gott Einer ist, der würdig ist geliebt und gefürchtet zu werden. „Aber es wird nicht andauern." Ihr könnt dieß weder von diesem noch von jenem Falle sagen. Ihr müsset thun, was ihr könnet und das Uebrige Gott überlassen. Es ist ein gutes Werk bis zu diesem Punkte, und so weit es geht. Wenn der Mensch rückfällig wird, so kehrt er wahrscheinlicher wieder zurück wegen dessen, was ihr jetzt für ihn gethan habt; jedenfalls schließt er wahrscheinlicher seinen Frieden mit Gott, wenn es zum Sterben kommt, und weiß, wie er es thun soll, und wenn das Schlimmste zum Schlimmsten kommt, so sind die wenigen Schläge besser, als die vielen. Ueberdieß handelt· es sich um Gottes Ehre; eine einzige Sünde, die verhindert, ein einziges Aergerniß, das entfernt wird, eine einzige Anwendung des kostbaren Blutes, selbst wenn es nur für einen Tag wäre, — ein einziges solches Werk ist hundert Missionen werth. Dieß ist der Instinkt der Kirche für die Seelen, aber ihr könnet es nicht dahin bringen, daß er sich denen empfiehlt, die ihn nicht haben. „Des Liebenden Auge, des Liebenden Ohr," wovon Walter Scott's Ballade spricht, dieß sind für die Glorie Gottes, für die Ehre Jesu, für den Trost der Seelen Instinkte, welche der Kirche allein gehören. Ihre Zartheit scheint Laune, ihre Stärke Fanatismus, ihre durchbringende Schärfe abgeschmackte Sentimentalität und ihre Aeußerungen nicht die Herablassungen eines Engels noch die Erniedrigungen des fleischgewordenen Wortes, sondern bloße abstoßende Kundgebungen einer nach Popularität jagenden Gemeinheit. Als Paley gefragt wurde, warum er Gibbon keine Antwort gebe, erwiederte er: „Eine Spöttelei kann ich nicht widerlegen." Tennyson spricht irgendwo von Leuten, die auf Seide gehen, wie wenn der Wind ihnen ihr eigenes Lob in die Augen bliese. Zu solchen Leuten gehören unsere neuern anglikanischen Kritiker. Es sind nicht ihre Beweise, es ist ihre Geistesrichtung, die keine Antwort zuläßt; sie werden eines Tags selbst einsehen, daß es so war, wie es andere bereits eingesehen haben.

In derselben Weise, aber in einem ganz andern Geiste als Herr Allies, in einer Flugschrift voll Gift, die hauptsächlich die gewöhnlichen Mährchen protestantischer

Reisender enthält, finden wir in gewissen Briefen mitten in einem langen und in manchen Hinsichten durch das Nichtverstehen katholischer religiöser Gebräuche abgeschmackten Berichte über eine Mission Ausdrücke wie die folgenden: „Man kann sich über ein solches Resultat, wie es hervor gebracht wurde, nur freuen." S. 18. Ferner auf derselben Seite: „Ich erzählte Ihnen, daß in einer einzigen Kirche tausend Menschen an einem Tage beichteten....... Die Kapuziner haben ihre Schuldigkeit gethan, und zwar tüchtig, aber wenn sie fort sind, und die Leute der verachteten Seelsorge (augenscheinlich, da keine Thatsachen angeführt werden, eine boshafte Insinuation) der gewöhnlichen Beichtväter überlassen sind, dann ist sehr zu besorgen, daß die Mehrzahl wieder rückfällig werden wird." Ferner S. 35 erläutert der Verfasser, welcher über etwas oder irgend Jemand, oder über alles und Jedermann sehr ungehalten scheint, die Briefe seines Correspondenten folgendermaßen: „Eine Wiederbelebung dieser Art hat mehr von der Natur eines Fieberanfalles als eines kräftigen Lebens. Sie macht das stockende Blut fließen, und ist in sofern an sich von großem Nutzen, aber sie setzt Vorgänge voraus und läßt auf Folgen schließen, die einen ganz entgegengesetzten Charakter haben. Sie setzt frühere Abgestorbenheit voraus, und läßt auf künftige Rückfälle schließen, wenn der Eindruck, welcher durch feurige Beredsamkeit hervorgebracht wurde, verflogen ist." Die armen Seelen! Sie haben eine Anstrengung gemacht, Andere aus der Sünde herauszuziehen; warum auf ihren theilweisen Erfolg scheel blicken oder über die wahrscheinliche kurze Dauer desselben spötteln? Ist es so weit gekommen, daß es ein gefährlicher Einwand gegen die Kirche Deſſen ſein ſoll, welcher kam, zu ſuchen und zu retten, was verloren war, und welcher ſich herabließ zu ſagen, daß er nicht gekommen ſei, die Gerechten, ſondern die Sünder zur Buße zu berufen, und welcher Petrus, dem Schlüſſelträger, einſchärfte, ſiebenundſiebzig Mal zu verzeihen, — ſoll es, wir wiederholen es, ein gefährlicher Einwand gegen die Kirche ſein, daß die Antecedentien ihrer Kinder Sünden geweſen ſind, und daß ſie in der Folge vielleicht rückfällig werden? Was bedeutet dieß anders, als daß man ein Aergerniß daran nimmt, weil Jeſus mit Zöllnern und Sündern ißt, und eine arme Magdalena ſeine Füße mit ihren Thränen waſchen läßt, obgleich ſie noch nicht über die Möglichkeit des Rückfalles hinaus iſt?

Nachdem wir Gelegenheit gehabt haben, von dieſem Pamphlete zu ſprechen, das einfach eine Schmähſchrift über die ſpaniſche Kirche iſt, haben wir um ſeinetwillen zu bedauren, daß der Verfaſſer meiſtens die Namen der Ortſchaften verſchwiegen hat, von welchen er ſpricht. Gründe mögen dieß unvermeidlich gemacht haben, z. B. daß den Briefſchreibern von benen Gefälligkeiten erwieſen wurden, an welchen ſie zu tadeln finden. Aber wir bedauren es, da wir hörten, daß ein Edelmann von großer Frömmigkeit, auf deſſen Wahrhaftigkeit als ſpaniſcher Katholik wir uns verlaſſen können, die Angaben des Verfaſſers durch ſeine perſönlichen Erfahrungen entſchieden widerlegt, namentlich was eine Stadt betrifft, in welcher er ſich nur einige Wochen befand, nachdem der Schreiber gewiſſer ſolcher Briefe dieſelbe verlaſſen hatte. Für die meiſten Katholiken widerlegt ſich, wie es gewöhnlich mit den Berichten protestantischer Reisender der Fall ist, das Pamphlet ganz gut von selbst, da Mißverständnisse und Widersprüche, welche der Verfasser kaum als solche erkennt, auf platter Hand liegen. Der Verfasser war erstaunt über den lächerlichen falschen Begriff von der Religion der Engländer, welcher aus der Aeußerung der Neapolitaner hervorging, dieselben seien „Ungläubige," weil sie Engländer und Protestanten wären; dennoch werden acht Millionen der Landsleute des Verfassers mit uns glauben, daß die guten Neapolitaner eine ganz richtige theologische Meinung aussprachen. Die fromme alte Dame zu Rom, die ihn mit Entsetzen erfüllt, weil sie die Poveri Inglesi wegen ihrer Taufen mit Rosenwasser bemitleidet, ist ein anderer Beweis von dem feinen Gefühle, das ein Katholik in Betreff der Seelen hat; eine anglikanische alte Frau würde kein Mitleid mit den Neapolitänern empfunden haben, wenn man ihr gesagt hätte, daß sie mit Rosolio getauft werden, oder daß sie überhaupt nicht an die Taufe glauben, sondern an „Mahomed oder Termagaunt." Ferner sagt er in einer Anmerkung S. 40: „Die Leute in Italien beten nicht;" wir sind wahrscheinlich eben so viel in Italien gewesen, als dieser Briefschreiber, aber wir können eine solche Behauptung nicht anders beantworten, als indem wir sagen, daß sie eine schändliche Unwahrheit ist. Was der Briefschreiber von dem Buche des Herrn Allies sagt, paßt eher auf sein eigenes; es ist im höchsten Grade „einseitig und unzuverlässig." Wenn die Wahrheit nicht an solchen Orten zu finden ist, wo sie einst glorreich regierte, dann können wir in der That die Controverse aufgeben. Wir sagen: die Wahrheit; denn leider sollte

Edelmuth, das hatten wir bereits erfahren, uns nicht mehr zu Theil werden, aber wir erwarteten wenigstens Wahrheit, nicht von den Lippen der Welt, sondern von solchen Männern, die wir soeben citirten. Noch ein Beispiel von der Hoffnungslosigkeit der Controverse über theologische Principien mit der besondern Schule, welche dieses Pamphlet repräsentirt. Was wird der katholische Leser davon denken, daß es als ein Beweis übertriebener Anbetung angesehen wurde, als Pater Newman sich in einem Briefe mit den Worten unterschrieb: „Der Ihrige in St. Maria und St. Philipp!" Bei einer solchen Auslegung kann, wie der Bischof Butler sagt, alles aus allem gemacht werden. Der Verfasser ist nicht glücklicher oder genauer, wenn er auf derselben Seite eine ziemlich buchstäbliche Uebersetzung der Verse des guten Pater Muzzarelli, welcher dieselben in seinem Marienmonate im Jahre 1788 sang, d. h. vor dreiundsechzig Jahren, und welcher im Jahre 1813 starb, d. h. in diesen achtunddreißig Jahren ruhig in seinem Grabe lag, als einen Beweis anführt, wie weit die Anbetung der seligsten Jungfrau von der neuen Schule der Oratorianer getrieben worden ist! Wir erinnern an die Worte des Thomas von Kempis: O quam bonum et pacificum de aliis silere, nec indifferenter omnia credere, neque de facili ulterius effari. Der Verfasser schreibt durchaus, wie wenn er unsere Angelegenheiten weit besser verstünde, als wir selbst sie verstehen; mit einer Geistesstimmung dieser Art ist nichts anzufangen.

Die Feinde der Kirche halten es für ein ganz unwiderlegbares Argument gegen unsere Missionen und geistlichen Uebungen, wenn sie sagen: „O die Priester kümmern sich um nichts anderes, als Jemand zur Beicht zu bringen; sie halten dieß für den Anfang, die Mitte und das Ende des ganzen Geschäftes." Nun aber wissen natürlich Katholiken ganz gut, daß dieß einfach eine Lüge ist, und daß man sich die größte Mühe nimmt, und zwar mit Erfolg, das Gegentheil zu lehren. Aber der protestantische Grundsatz heißt: „Den Papisten keinen Glauben," und eine Lüge ist keine Lüge, wenn sie gegen die katholische Kirche ausgesagt wird, weil in dem Geiste des Anglikaners die festeste Ueberzeugung lebt, daß alles Böse von Rom wahr sein muß. Ja wir haben gerade jetzt so wenig Aussicht, daß man gegen uns billig ist, daß wir uns beinahe in der Lage des alten Bischofs in Hallam befinden, welcher sich beklagte, er könne von einer Londoner Jury kein Verdikt erhalten; denn sie haßten die Kirche dergestalt, daß sie Abel der Mordthat Kains schuldig erklären würden. Aber haben diese Männer je überlegt, wie viel in dieser Beicht enthalten ist, von welcher sie mit so unwürdiger Geringschätzung sprechen? Haben sie erwogen die Demüthigung, die Reue über die frühern Sünden, den Haß derselben, den zu der Zeit aufrichtigen und festen Entschluß, die Sünde in's Künftige zu meiden, die wirkliche Trennung von den nächsten Gelegenheiten zur Sünde, die lästige Rückerstattung dessen, was ungerecht erworben, aber doch schon lange besessen war, die Aussöhnung von Feinden, die durch die Gnade verliehene Furcht vor einer unsichtbaren Welt und ihren geoffenbarten Strafen, das zitternde Verlangen nach der Absolution,

4*

dem buchstäblich kein blos natürliches Motiv zu Grunde liegt? Haben sie sich lebhaft vorgestellt, daß jedes dieser neuen Dinge übernatürlich ist, jedes das Werk der wirklichen Gnade, jedes ein Zeichen der Wirksamkeit des heiligen Geistes, jedes ein Beispiel von den anbetungswürdigen Schätzen eines unbegrenzten Mitleids, jedes ein Geschenk, kostbarer als alle Reiche der Welt, das der ewige Schöpfer seinem Geschöpfe verleiht, welches sich empörte? Haben sie erwogen, daß, mag man darin verharren oder nicht, diese Dinge für den Augenblick eine Person wieder in die Gnade Gottes einsetzen, daß Er annimmt, was diese Leute geringschätzen, daß Sein wirkliches Vorauswissen der Rückfälle Seine Annahme des Gegenwärtigen nicht hindert, und daß, wie der Sünder in Seinen Augen erscheint, der Unterschied zwischen seinem frühern und seinem gegenwärtigen Zustand kein geringerer Unterschied ist, als zwischen Himmel und Hölle? Haben sie über das Wunder der göttlichen Liebe und über den geheimnißvollen Prozeß nachgedacht, welcher jede besondere Anwendung des kostbaren Blutes in sich schließt, mögen sie nun, wie die Protestanten, diese Anwendung an den Glauben und die gewöhnliche Reue des Sünders knüpfen, oder an jene Eigenschaften in Verbindung mit der sakramentalen Absolution oder wenigstens mit dem Verlangen darnach? Haben sich die Engel über die gegenwärtige Buße des zurückkehrenden Sünders gefreut, während diese Leute Ansichten von der Sache nehmen, den Kopf schütteln und sagen, es werde nicht andauern? Es ist keine sehr tiefe Theologie, die eine genügende Erklärung für alle diese Dinge in der tiefsinnigen Bemerkung findet, „daß die Spanier ein so leicht erregbares Volk seien". Die Christus ähnliche Liebe zu den Seelen muß dem ein unbekanntes Gefühl sein, der, während ein Akt vor sich geht, welcher nichts geringeres bewirkt, als die Veränderung des Zustandes eines Menschen in den Augen Gottes und über welchen die himmlischen Chöre sich wirklich freuen, mit mitleidigem Bedauern spotten kann, daß diese Beichten nicht mit reiflicher Ueberlegung und nach sorgfältiger Vorbereitung abgelegt werden, sondern in der stürmischen Aufregung, welche durch die große Beredsamkeit der Prediger hervorgebracht werde und durch die Aussicht auf „vollkommene Abläſſe", und der, wir müſſen das ſagen, wie ein Pharisäer über jenen Mangel an mehr Aufmerksamkeit, an mehr individueller Aufmerksamkeit klagen kann, mit welcher, wenn die katholische Kirche den Rath des Verfassers annehmen würde, die Beichten abgelegt werden würden. Die armen spanischen Pönitenten haben indeſſen den heiligen Ambrosius auf ihrer Seite mit seinem wohlbekannten Grundsatze: Nescit tarda molimina Spiritus Sancti gratia.

Ach, Worte sind zu schwach, um das katholische Gefühl über eine solche Lieblosigkeit auszudrücken! Doch, lieber Leser, es kommt nicht vom Herzen des Verfassers; nein, wie das hilflose, berauschte Orakel der Griechen, spricht er nur, was die Dünſte seines Syſtems ihm eingeben. Er ist ohne Zweifel ein tausendmal besserer Mann, als ihr ihn dafür halten würdet, wenn ihr nie das Unglück gehabt habet, da zu stehen, wo er jetzt steht, und wenn ihr so gestanden seid, dann werdet ihr vergessen, ihn zu richten wegen des schnellen Triebs der Dankbarkeit, die euch fortreißen, und deren Stimme sein wird:

„Gott sei Dank! der Strick ist zerrissen und wir sind befreit." Laqueus contritus est, et nos liberati sumus.

Aber was beweist dieß alles, als daß der Protestantismus kein Auge hat für das Uebernatürliche, und die Dinge des Glaubens nicht sehen kann, welche ein geistiges Auge erfordern? Wir haben gehört, daß einer der erfahrensten Missionäre in England sagte, seine Hauptschwierigkeit mit den Anglikanern bestehe darin, ihnen die Idee von der Gnade in den Kopf zu bringen; sie könnten dieselbe nicht fassen, sie übersteige ihre Begriffe; einen Augenblick scheinen sie dieselben zu begreifen; dann sei alles wieder verflogen, wie wenn eine pelagianische Geistesrichtung ihnen eingeprägt wäre. Dieß zeigt sich ganz klar in dem Einwurfe gegen katholische Missionen, welchen wir betrachtet haben. Natürlich geben wir keineswegs die Angaben unserer Gegner in Betreff der kleinen Summe des dauerhaften Guten zu, welches durch die Missionen bewirkt werde. Wir wissen mehr davon, als sie. Wir haben das Zeugniß vieler Heiligen und frommen Missionäre, die uns erzählen, wie sie Jahre nachher Orte besuchten, wo Pater Segneri, oder der gottselige Leonhard, oder der heilige Alphons, oder der ehrwürdige Paul vom Kreuze, oder der heilige Franz Hieronymus, oder der heilige Johann Franz Regis, oder Olier Missionen hielten, und sie fanden, daß das Werk noch fortdauerte, und daß es — noch einmal seien unsere Leser daran erinnert — im Laufe der Jahre Anlaß gab zu unzählbaren übernatürlichen und Gott angenehmen Akten, welche durch die Macht der Gnade hervorgelockt wurden, die seine Gabe ist. So lesen wir in dem Leben des Pater Pinamonti: „Die reichliche Fülle war nicht die einzige gute Eigenschaft der Ernte; sie war zudem noch andauernd und wirksam, so daß, als Pater Petrus viele Jahre nachher zurückkehrte, um in Bezirken Beicht zu hören, wo Missionen gehalten worden waren, er viele Personen antraf, die früher schweren Sünden zu fröhnen pflegten, aber sich jene ganze Zeit hindurch derselben vollkommen enthalten hatten. Einige Seelen fand er zu einem hohen Grade von Vollkommenheit vorangeschritten.

Was für ein Ereigniß ist es, wenn ein Mensch im Stande der Gnade stirbt, dessen Ewigkeit ohne die Mission ganz anders besiegelt worden wäre! Und dennoch dürfte man die Einbildungskraft nicht übermäßig anstrengen, um anzunehmen, daß im Durchschnitte wenigstens Ein solches Ereigniß bei jeder Mission in der Welt vorkommt. Diese Leute sprechen von den Regungen der Gnade, als ob sie natürliche Eindrücke wären. Nun aber haben Eindrücke, die blos moralisch sind, ihre eigenen Gesetze der Dauer; jene, die das Resultat fester Ueberzeugungen sind, sind nicht wie die, welche im Feuer einer Aufregung empfangen werden. Wenn daher solche Leute von Bekehrungen sprechen, als ob sie nicht viel werth seien, weil sie in der Inbrunst der Aufregung bewirkt werden, so verwechseln sie die übernatürlichen Wirkungen der Gnade mit den Gesetzen blos natürlicher Eindrücke, als ob, was von diesen letztern wahr ist, die ganze Bedeutung der erstern wäre. Wenn die fraglichen Bekehrungen nur das Werk natürlicher Eindrücke waren, so geben wir die Behauptung unserer Gegner zu; wenn sie das Werk der übernatürlichen Gnade waren, die mit jenen Eindrücken mitwirkte, so läugnen wir die Schlußfolgerung unserer Gegner, weil wir keine Gleichheit zwischen den Gesetzen der Natur und den Gesetzen der Gnade annehmen. Was die bloßen Eindrücke betrifft, die der natürliche Charakter der Person erhält, so können wir ihren Erfolg, ihre Ausdehnung und Dauer ziemlich genau berechnen. Solche Eindrücke ändern einen Menschen nicht; sie sind blos natürlich, höchstens die ersten Glieder einer Kette, die mit einem gewissen Grade ethischer Reform endigen wird, ohne daß die Regungen der aktuellen Gnade zu Hülfe kommen. Die Leute, auf die wir anspielen, haben keinen höhern Begriff als diesen. Sie schwingen selbst keine mächtigeren Waffen. Sie haben die Idee der Gnade nicht erfaßt; denn sie fühlen nicht die beständige Ausspendung derselben durch die Kirche Gottes; sie wissen nichts von ihren Geheimnissen, und sind nicht im Stande, ihre Wunder zu würdigen.

Diejenigen sodann, welche die Gnade nicht schätzen können, sind eben so wenig im Stande, die Sünde gehörig zu würdigen. Die Sünde ist eine Krankheit der Seele, von welcher das Verhältniß des Menschen zu Gott und sein ewiges Wohl oder Wehe abhängt. Lasset uns die Art und Weise betrachten, wie man die Krankheiten des Leibes behandelt. Ein Person ist im Lebensalter vorangerückt oder hat eine schwächliche Leibesbeschaffenheit; sie bekommt eine Krankheit; vernachlässigen die Aerzte dieselbe, weil sie sagen, sie könnte chronisch werden, und könnte dann nicht aus dem Leibe vertrieben werden? Treibt man sie hinaus, dann wird sie wiederkehren; deshalb wollen wir sie gehen lassen. Ist dieß eine Schlußfolgerung, die sich den Wünschen des Kranken oder den Gefühlen seiner Verwandten empfehlen würde? Soll kein Versuch gemacht werden? Oder ist Linderung nichts? Warum also einen Menschen mit einer einzigen Todsünde auf seinen Gewissen lassen, weil es wahrscheinlich ist, daß er in einiger Zeit eine andere begehen wird? Wer kennt nicht den sich immer weiter verbreitenden oder fressenden Schaden einer nicht gebeichteten Sünde? Warum sollte der Rost selbst die Hoffnung auf Wiedergenesung wegfressen dürfen, weil vielleicht der gereinigte Geist wieder Rost ansetzen kann? Warum sollte der Sünder sich nicht jetzt mit Gott aussöhnen dürfen, blos weil es möglich, ja sogar wahrscheinlich ist, daß er ihn nachher wieder beleidigt? Arznei und Speise werden nicht ein= für allemal genommen; ebenso wenig geistliche Arzneien oder geistliche Nahrungsmittel. Die Eucharistie ebenso wenig als die Buße, ist kein Sakrament, das nicht wiederholt werden dürfte. Weil wir nicht alles thun können, was wir wünschten, sollen wir deshalb nicht alles thun, was wir können? Und dürfen wir nicht etwas, wäre es auch noch so wenig, der überfließenden Barmherzigkeit und unermüdeten Geduld Gottes zutrauen, die wir so vielmal und so gründlich erprobt haben? Ist es immer Fanatismus, wenn wir über uns selbst hinaufblicken, und auf das hoffen, was höher und besser ist, als unsere Natur, ja was für sie allein unmöglich ist? Gibt es nicht eine Gabe des heiligen Geistes, die Stärke heißt? Und kann sie nicht manchmal mit allen jenen Dingen des Apostels kommen, die Er reichlich geben wird, der damit begann, daß Er uns seinen Sohn gab? Wenn nicht alle Dinge erlaubt, alle Dinge logisch wären, wenn die Menschen die Kirche bekritteln, so würde eine solche Intoleranz nicht geduldet werden.

Wir anerkennen, daß der Kampf der Kirche gegen die Sünde und den Satan ein schwieriges Werk ist, voll fehlgeschlagener Hoffnungen und zeitweiliger Niederlagen. Unser Herr sagte uns, daß wir dieß erwarten müßten. Jeder Tag hat seine eigene Plage; wir müssen wirken, so lange wir können, und wie wir können; wir müssen unser Möglichstes thun, und nicht müssig am Wege sitzen bleiben und in eitlen Klagen die Hände ringen, weil wir unsere Dörfer und Städte nicht in ein Paraguay der Jesuiten oder in das alte Kalifornien der Franziskaner-Zeiten verwandeln können. Die Rettung der Seelen und der Kampf mit dem Satan wird uns nicht immer gestatten, den Anstand zu bewahren. Wir müssen schnell wegreißen, ob es gleich gebildeter wäre, langsam zu nehmen, wenn das, was wir wegreißen, ein Feuerbrand ist. Wir müssen stehlen, während es anständiger wäre, allmählig zu gewinnen, wenn das, was wir stehlen, eine schwache Seele ist, die sich an den nächsten Grenzen der Sünde aufhält. Schnell laufen ist nicht so würdevoll, als langsam gehen; dennoch werden wir schnell laufen, wenn das Ding, dem wir nachlaufen, eine Seele ist, die der Satan zwischen seinen Zähnen forttragen will. Es gibt eine Ehre unter Dieben, ein Verständniß unter Diplomaten, ein Gesetz zwischen Kriegführenden; aber es gibt kein Band, keine Regel, keinen Anspruch zwischen Satan und dem Missionär; alles ist recht und billig auf der einen Seite, weil auf der andern alles schlecht und niederträchtig ist. Es ist einfach ein Krieg, ein Vernichtungskampf. Allein diese ruhigen Zuschauer verlangen mehr Anstand, mehr Ruhe, abgemessenere Schritte, feinere Mittel, und nicht bleß ungebildete Schnappen nach Seelen, wie es ihnen vorkommt. Sie werden geärgert, weil unser priesterliches Gewand runzelig und von dem Blute und Rauche des heißen Kampfes beschmutzt ist, als ob wir, wie sie, bei unserm Geschäfte jeden Augenblick in den feinsten Cirkeln vorgestellt werden könnten, mit einem glatten Chorhembe und einem mit Grazie auf dem Kopfe sitzenden Magisterhute. Ein guter Missionär, der grade ausgeht, dessen Herz an seinem Geschäfte hängt, und der mit dem Teufel doppelt oder quitt spielt, ist vielleicht nicht die am geschmackvollsten angezogene oder klassisch postirte Figur, die es geben kann. Aber wir sind nicht langsam, entweder zu lernen oder nachzuahmen; möge der Protestantismus mit seiner tiefen Einsicht in die menschliche Natur und seiner weiseren Weisheit uns einen vortrefflicheren Weg zeigen, und wir werden demselben folgen. Die Hochkirche ist nicht mit dem zufrieden, was wir für Neapel gethan haben; wünscht sie in nüchternem Ernste, daß wir nachahmen sollen, was sie für Birmingham gethan hat? Wir bekennen mit aller Bereitwilligkeit von der Welt, daß wir nicht thun, was wir gerne wollten, sondern nur, was wir können.

Noch einmal: Ist nicht jede Sünde, die nicht vergeben ist, eine Art Makel auf der zufälligen Ehre Gottes und eine Beleidigung vor ihm? Ist es denn nichts, daß diese für immer durch das kostbare Blut des gekreuzigten Jesu verwischt werden sollen? Meinen diese Leute, daß Sünden, die vergeben und absolvirt sind, wieder aufleben mit dem Rückfall in die Sünde? Haben sie irgend welche theologische Meinung über den Punkt, oder huldigen sie einer eigenen Ansicht? Haben sie überhaupt jemals ernstlich über den Gegenstand nachgedacht? Ist es ihnen nie eingefallen, daß es immer dem Liebenden eigen ist, alles aus den Augen zu entfernen, was den Geliebten schmerzt und beleidigt? Und dieß ist es, was der Missionär täglich thut. Hierin besteht seine Uebung der Liebe Gottes, und wenn eine Aussicht ist, mag sie auch geringer sein, als die geringste Aussicht, die unsere Feinde zugeben, daß ein armer Büßer beharren, und daher nicht verdammt werden wird, so wird der Ordensmann seine aufregende Mission halten, und die im aufgeregten Zustande abgelegte Beicht des Sünders empfangen, ja er wird ihn in „dem Fieberanfällen" der Scham, des Weinens, Seufzens und Schluchzens, ja sogar „des Geheuls" absolviren, das das Schicklichkeitsgefühl des Reisenden so sehr beleibigt. Darin besteht die Uebung der Nächstenliebe unsers Missionärs. Er hat keine Ansichten; er würde wahrscheinlich in Verlegenheit kommen, wenn sie ihm vorgelegt würden, aber sein Herz steht unter der Herrschaft der Gnade, und wehe ihm, wenn er nicht das Evangelium predigt. Ob die Seelen ganz en règle gerettet werden oder nicht, bekümmert ihn wenig, und ob er in seiner Liebe zu dem weinenden, seufzenden Sünder, den der gute Hirt zu seinen Füßen gebracht hat, die Aussichten auf Beharrlichkeit zu günstig berechnete, bekümmert ihn noch weniger; während der Reisende mit seinem ätzenden Witze seine besondere Ansicht hat, kann der Missionär von seinem Pönitenten nur in Einfalt sagen, daß dieser Mann, der blind war, nun sehend ist.

Ach, was für eine ganz andere Ansicht von dem Eifer für die Ehre Gottes und von dem tiefen Hasse gegen eine einzige Sünde stellt uns das Verfahren des heiligen Ignatius dar! Indem sein Biograph von seinen Bemühungen zur Bekehrung der Weibspersonen, die ein ärgerliches Leben führten, spricht, sagt er: „So groß war das Mitleiden des Heiligen mit diesen armen verirrten Schafen, daß er sogar, als er General des Ordens und von Altersgebrechen heimgesucht war, selbst zu gehen und sie aus verrufenen Häusern heraus zu führen pflegte. Man konnte ihn sehen, wie er sie mitten durch die Stadt Rom entweder nach dem Hause von St. Martha oder nach dem Hause irgend einer frommen und edlen Dame brachte. Zuweilen sagte man dem Heiligen, er verliere seine Zeit und Mühe damit, daß er diese Weibspersonen zu bessern suche, die durch die Macht alter Gewohnheiten morgen wieder zu ihren Lastern zurückkehren würden, wenn sie auch dieselben heute verließen; aber er erwiederte: Wenn ich mit all meiner Arbeit in dieser Hinsicht nur ein einziges dieser armen Geschöpfe verhindert hätte, Gott in einer einzigen Nacht zu beleidigen, so würde ich glauben, daß alle meine Mühe wohl angewendet war. Wie wenig zeigt sich hier von dem Utilitarier! Der ganze Unterschied zwischen Wahrheit und Lüge, Katholizismus und Protestantismus liegt in jenen einfachen, aber gewichtigen Worten. Wollte Gott, daß unsere neuen Kritiker der Kirche über dieselben nachdächten und Weisheit lernten! Wer ein Arzt der Kirchen sein will, muß eine andere Gesinnung zeigen, als diejenige ist, die sich in so unehrerbietigen Aeußerungen aussprach; er muß weniger selbst zufrieden, weniger beißend, weniger frivol und weniger kleinherzig sein.

Wir bedienen uns dieser Worte nicht im Zorne. Die Menschen sind starke Worte werth, wenn sie es verdienen überzeugt zu werden; allein hier drängt sich uns wieder, wie schon so oft, der schmerzliche Gedanke auf, wie schwer es ist, Jemand zu überzeugen, wenn man ihn nicht von seinen eingewurzelten Vorurtheilen entwöhnen kann. Diese Menschen lieben eine Abstraktion, welche sie die Kirche nennen, und Niemand liebt sie aufrichtiger, Niemand weniger selbstsüchtig. Sie haben keine Bequemlichkeit zu Hause, während sie auf die vorübergehenden Katholiken Steine werfen. Sie sind, wir wissen das, denn sie sagen es öffentlich, wirklich elend, und sie tragen ihr Elend fast zu geduldig für das Heil ihrer Seele. Sie haben auch eine gewisse Vorstellung von der Majestät der Kirche. So lange ihr bei der Schönheit der Theorie vom Papstthume bleibet, oder bei der Funktion der Kirche als einer civilisirenden Macht, oder bei ihrer Fruchtbarkeit an theologischen Schulen, oder so lange ihr von ihrer Herrschaft in der Kunst sprechet, oder von ihrem wohlthätigen Einflusse auf politische Bewegungen, werden sie euch mehr zugeben, als ihr zu erwarten hofftet, obwol weniger, als ihr anzusprechen das Recht habet. Aber wenn ihr an die Rettung der Seelen kommet, an das innere Leben der Kirche, an die Wirksamkeit der Sakramente und des Ritus, an die Fragen über die Gnade, die Sünde, die Reue und an die zarte Behandlung kranker Seelen, so verlieren sie auf einmal im Wasser den Grund. Sie haben nichts dergleichen, sie sind ohne Maßstab, ohne Instrumente; es übersteigt ihre Begriffe. Sie stellen Muthmassungen an, sie geben sich ihrer Einbildungskraft hin, sie bilden sich ein Prämisse ein, und sind Willens, für die Schlußfolgerung zu sterben. Und so verhält es sich mit allem, was die Ehre Gottes, die Gehässigkeit einer einzigen Sünde, das Nichtwiederaufleben einer absolvirten Sünde und selbst das Fieber der Liebe betrifft, das wie ein Gesetz wirkt, und die Diener Gottes zwingt, in der Welt umherzugehen, bloß um die Sünden zur Ehre ihres Herrn zu vertilgen. Unsere Kritiker können das nicht verstehen. Was kann unreeller, kindischer sein? Was kann deutlicher eine unwürdige Ansicht von Gott oder die Thatsache bezeugen, daß die arme römische Kirche noch den Buchstaben hat, der tödtet, während der Geist, welcher lebendig macht, aus ihr verflogen ist? So urtheilen sie. Sie wissen wenig davon, wie theuer der Kirche die Ehre ist, die Gott von seinen Geschöpfen ernten will. Es gibt nicht ein Gefäß, das sie gebraucht, sei es zur Kanzel oder zum Beichtstuhl, zur Mission oder zu den geistlichen Uebungen, in das sie nicht alles ausgießt, was es von diesem ihrem belebenden Leben fassen wird.

Sie wissen wenig davon — wie können sie es? — wie sehr Katholiken in den Gedanken an Gott hineinwachsen und wie die Gegenwart Gottes in sie hineinwächst und ihre Herzen immer vollkommener zu seinem Eigenthume macht. Die, deren Blut nicht entflammt ist, halten Liebende für rasend, und je nachdem ihre Gemüthsstimmung sein mag, können sie theilnehmend lächeln, oder sich ärgern, weil sie kein Mitgefühl haben, oder sie beschäftigen sich mit einer kühlen Analyse des Romantischen der Liebe, und irren, weil sie nicht begreifen. Ebenso ist es mit der Kirche und ihren Kritikern. Sie ist aus Liebe zu Gott und aus Liebe zu den Seelen thätig bis zu einem Grade, der an's Romantische streift; denn bald ist sie außer sich vor Kummer, bald außer sich vor Freude, und immer vergißt sie jeden andern Zeugen als das Auge des Bräutigams. Sie anerkennt keinen Maßstab, als sein Lob, achtet kein Gesetz, als die Schläge seines menschlichen Herzens, und was bezeugt sie durch all dieses, als die Innigkeit ihrer gottgeweihten Leidenschaft? Rufet sie nicht leichtsinnig zur Rechenschaft! Wenn sie auf ihrem Bette des Gebets in der tiefsten Beschaulichkeit Ihn nicht findet, den ihre Seele liebet, und wenn sie daher aufsteht und in den Straßen der Stadt umhergeht zu ihren Missionen, so wird sie, wenn ihr derselben begegnet, nur sagen, wie zu den Wächtern der Stadt, die sie fanden: „Saht ihr Ihn, den meine Seele liebet?" Nehmet kein Aergerniß daran, weil sie zu solcher Zeit und an einem solchen Orte umherwandert oder weil ihre Lippen sich öffnen wie Anna's, als Heli sie so ungerecht verurtheilte, und weil sie von Granatäpfeln und Cypern, Narden und Safran, von Zimmt, Myrrhen und Aloe plaudert, oder weil sie euch mit den kühnen Worten in Erstaunen setzt: „Ich habe meinen Wein mit meiner Milch getrunken; esset doch, Freunde, und trinket und werdet trunken, meine Vielgeliebten!" Thuet ihr nicht, wie jene Wächter thaten, die sie schlugen und verwundeten, oder wie jene Hüter der Mauern, die ihr mit roher Frechheit den Schleier wegrissen, während sie dieselben noch bat, ihrem Geliebten zu sagen, daß sie krank sei vor Liebe. Seid ehrerbietig;

Ehrerbietigkeit belohnt sich selbst; fürchtet, sie möchte die Braut Christi sein, wie sie es in der That ist, und ihr möchtet ihr Trotz bieten. — Sie ist krank vor Liebe; es ist nicht ein Aergerniß; es ist ein Geheimniß. Tretet leicht auf und sprechet leise; denn der König wohnt in ihrem Innern, und ihr findet ihn vielleicht dereinst daselbst, und dann wird eurem Herzen jedes schon längst gesprochene Wort wehe thun, das euch entschlüpfte, das geringste Wörtlein, das die ihm schuldige Achtung verletzte. Möge die Fruchtbarkeit ihrer Fürbitten und die Macht ihrer Opfer sich um euretwillen so wirksam zeigen, daß ihr nie einen minder gesegneten Schmerz habet, als diesen!

Doch um wieder auf unseren Gegenstand zurückzukommen: Ist dieß mehr streng, als wahr? Nehmet es nicht ungütig, daß euch die Sache offen und ehrlich dargestellt wird, offen und ehrlich, wie es Katholiken geziemt. Denn wo kein Gefühl der Gnade und kein Gefühl der Sünde ist, wie können wir da das demüthige Gefühl erwecken, daß wir selbst Sünder sind? Was sagt diese Art von Pamphleten nicht so fast gegen ihre Verfasser, die bei weitem nicht so schreiben, wie sie in ihrem Innern gesinnt sind, als gegen das erbärmliche System, in das sie versunken sind! Ach, alles dies Philosophiren über die Rührung gebrochener und zerknirschter Herzen, diese gefühllose Kritik über die in der Aufregung abgelegten Generalbeichten, diese kalten Berechnungen, ob es nicht besser wäre, einen armen Menschen im Zustande der Verdammung zu lassen, weil das Seufzen des Ehebrechers oder des Mörders in ein gemeines Schluchzen ausgebrochen ist, und

seln Schluchzen, trotz der, wie man uns besonders in's
Gedächtniß zurückruft, einem geweihten Hause gebührenden
Ehrerbietung, in ein „Geheul" des Schmerzes, diese spöt-
tischen Anspielungen auf das stärkere Motiv eines vollkommenen Ablasses, als der Liebe und Furcht Gottes, dieser
sarkastische Eifer, das Gute, das nicht geleugnet werden
kann, so gering als möglich darzustellen, diese kalten Theo-
rien über den unstatthaften Zusammenhang zwischen „feurigen Predigten" und Generalbeichten, diese intolerante
Sentimentalität, weil fremde Sünder nicht trauern wollen nach der geschmackvollen Mäßigung der anglikanischen Aesthetik, — wie wenig zeugen sie von Selbsternie-
drigung vor Gott, von dem Bewußtsein schmerzlicher
Sünde und schmählichen Mangels an Beharrlichkeit in uns
selbst, von der Nächstenliebe, die alles hofft und alles
glaubt, von Gewohnheiten der Selbstprüfung, der Beicht
und Buße, ja selbst von der nicht sehr heroischen Ehrlich-
keit, die sich langsam der Gegenwart des Erlösers entzog,
weil sie nicht so kühn war, den ersten Stein auf den reu-
müthigen Sünder zu werfen.

Lieber als daß ein einziger Strahl die ausgemachte
Thatsache verdunkeln sollte, daß die englische Staatskirche
„die besondere Hinterlage der göttlichen Wahrheit" sei,
hat man ein bösartiges Vergnügen an der voreiligen und
unerwiesenen Annahme, daß die gewöhnlichen Seelsorger-
dienste der spanischen Priester verachtet werden, und ein
unangenehmes Gefühl, daß in den Kapuzinern doch Leben
und Kraft ist. Bei näherer Ueberlegung stellt sich sodann
ein beruhigendes Gefühl ein, daß am Ende alles eher ein
Fieberanfall sei, als ein kräftiges Leben, und zuletzt

empfindet man eine herzliche Freude an der Versicherung (ganz unbekümmert um Gottes Ehre, Christi Blut, die Seelen der Menschen und das Feuer der Hölle), daß die Tausend, die täglich zur Beichte gingen, nicht beharren und daher der Verdammniß verfallen werden. Ach, ach, es gibt Wesen, sie sind nicht Insassen des Himmels noch Bewohner der Erde, welche buchstäblich diese Gefühle, Hoffnungen, Besorgnisse und Sympathien theilen. Er, der sich selbst Unrecht thut, indem er sie ausdrückte, war außer sich; er hatte keine solche Gefühle; er wollte lieber sterben, als sie haben; aber jene grausamen Dinge hat er geschrieben, und es war unvermeidlich; sie waren eine Huldigung, die er seinem Systeme darbrachte. Wiederholt müssen wir sagen, daß solche Dinge nicht von ihm selbst sind, noch ihm angehören.

Vor einiger Zeit machte eine Gesellschaft junger Leute, Mitglieder einer der protestantischen Universitäten, eine Reise in Italien und hielt sich eine Zeit lang zu N. auf, um da die Löwen des Tages zu spielen. Von dieser Stadt schrieb A., einer aus der Gesellschaft, an einen Universitätsfreund C. nach Hause, die Religion befinde sich hier in einem elenden Zustande, Niemand gehe zur Beicht, die Hälfte der gebildeten Leute seien Ungläubige u. dgl. Als die lange Vakanz vorüber war, wurde B. einer der Mitreisenden bei dem ersten Zusammentreffen mit C. von ihm so begrüßt: „Nicht wahr, zu N. sieht es sehr schlecht aus?" B. wußte nicht; was er damit sagen wollte. Da erzählte ihm C. von A's Brief. „Ei," bemerkte B., „A. sah schwerlich Jemand andern als den Commissionär, und konnte kaum italienisch sprechen." Dieß ist, wie wir wissen,

Thatsache, und wirft ein helles Licht auf die Briefe und Tagbücher anglikanischer Reisender. Sonderbar, daß man nicht einsieht, daß schon die lange Existenz der Kirche Beweis genug ist, daß sie etwas mehr sein müsse als das unendlich thörichte oder unendlich verdorbene Ding, wozu sie dieselbe gern stempeln möchten. Allein so frech solche Reisende vor dem abergläubischen Italiener oder dem von Priestern beherrschten Spanier sind, — man beobachte sie, wenn ein englischer Katholik mit ihnen zusammenkommt, während sie in den Kirchen einher stolzieren. Seht, wie plötzlich das Gefühl der Scham sich wieder bei ihnen einstellt! Wie schnell kommt ihnen wieder die den geweihten Gotteshäusern gebührende Ehrfurcht, während das herausfordernde Auge ihrer katholischen Landsleute wie durch Zaubergewalt sie zu einem anständigen Betragen nöthigt, das laute spottende Wort zum Schweigen bringt, das beleidigende Lächeln verbannt und das weit aufgerissene Auge niederdrückt. Der gesangreiche Wald wird nicht plötzlicher still, wenn der Habicht darüber hinfliegt; der wilde Esel wird nicht wunderbarer gezähmt, wenn man ihn über's Ohr haut.

Ein anderer Einwurf gegen die Missionen ist die entsetzliche Gemeinheit der scenischen Effekte und Bänkelsängerpossen, zu welchen katholische Missionäre sich herablassen. Sie scheinen wirklich, horribile dictu! wie wenn sie das Muster der Wesleyaner und Whitfieldianer der ruhigen Nüchternheit und der stillen Begeisterung der protestantischen Hochkirche vorzögen. Anstatt die Leute zu einem richtigen religiösen Geschmacke heranzubilden und einen gesunden Geist der kirchlichen Aesthetik unter den niedern Ständen lebendig zu erhalten, scheint es der Hauptzweck des katholischen Missionärs zu sein, die Massen zusammen zu bringen, so daß sie seine gemeinen Predigten hören können, sie zu einer fieberhaften Reue über die Sünde durch irgend ein geistliches Kunststück zu erwecken; und sie auf diese Art in den Beichtstuhl zu locken. Gewiß regen die feierlichen Töne des Gottesdienstes, im Chore gesungen, das religiöse Gefühl mehr an als die Hymne in der Muttersprache nach der Melodie eines Trinkliedes, oder eine Procession mit einem Bilde im Unterrocke. Jedenfalls sollten sie mehr zur Andacht stimmen, und es ist die Schuld der katholischen Kirche, daß es nicht der Fall ist. Sie kann in der That nicht die katholische Kirche sein, sonst hätte sie das Volk in solchen Dingen, welche das geistige Leben oder den geistigen Tod betreffen, nicht so in der Irre gehen lassen, besonders wenn die ernste Schönheit und mütterliche Majestät der Kirche das Laub und Andrewes in der Welt war, um sie nachzuahmen. Dieß ist ungefähr die Anklage, die gegen uns vorgebracht wird; bald thun wir überhaupt nichts Gutes, bald nicht so viel, als wir thun sollten, und dann — dieß ist das allerschlimmste — thun wir es auf eine so unanständige und ungebildete Art. Wir leben im neunzehnten Jahrhundert, und sollten die Augen bei uns haben, und es muß sicher Affektation von unserer Seite sein, wenn wir den Geschmack der römischen Congregation der Ritus, den Winken einer protestantischen Sekte vorziehen wollen.

Ach, es wäre in der That schwer, solchen Gegnern gegenüber die Geduld zu bewahren, wenn wir nicht wüßten, wie viel besser sie sind, als ihre eigene Critik, wie vieles, was erhaben und edel und hochherzig ist, unter all dieser Kruste von Pedanterie und Engherzigkeit lebt und liebt. Sie wurden zu bessern Dingen geboren, als das Gebildete anzubeten und das Respektable zu canonisiren, und mit der Gnade Gottes werden sie zu seiner Zeit jene bessern Dinge thun, und weit besser als wir. Sie kämpfen mit Schatten; sie schlagen in die Luft, sie wissen nicht, was sie bedürfen; alles, was sie wissen, ist, daß sie noch nicht im Besitze davon sind, und sie ärgern sich an der Möglichkeit, daß es sich am Ende bei uns finden möchte, die als Ausgeartete und Herabgesunkene zu mißachten ein leitendes Princip für sie war. Man ist in einem Traume am unruhigsten, wenn man daran ist zu erwachen. Sie scheinen boshaft, aber sie sind in Wirklichkeit gemüthvoll; es scheint ihnen an Edelmuth und Billigkeit gegen ihre Gegner zu fehlen, aber es ist ihre Schule und Partei, die sie nicht anders sein läßt. Es ist schwer, ihnen zu antworten, da wir so wenige Gefühle gemeinsam haben.

Wir könnten jedoch ungefähr so zu ihnen sprechen: Wir sind, wie ihr, nicht ohne eine tiefe, vielleicht krankhafte Abneigung gegen alles, was gemein ist. Wir sind vielleicht, wie ihr, so wählerisch, daß es ein Fehler ist. Wir möchten lieber den heiligen Abraham in seinem Kloster finden als in dem Bordelle, oder lieber sehen, wie der heilige Ignatius durch die Straßen Roms zieht, während eine Schaar von Novizen mit Engelsgesichtern ihm folgt, statt ein Haufe schlechter Weibspersonen, oder wie der heilige Kamillus in einer Verzückung vor seinem Krucifixe kniet, anstatt mit der unzeitigen Heftigkeit eines schreienden Prädikanten in den Weinschenken der Stadt den Gotteslästerungen Einhalt zu thun. Ihr saget: Wenn die Sünder nicht auf eine würdige, anständige und kirchliche Weise bekehrt sein wollen, so ist es ihre Sache; wir sind nicht zu tadeln; die Kirche ist die Kirche, und sie muß auf kirchlichen Wegen wirken; sie hat ihre Botschaft ausgerichtet, und so werden die Absichten Gottes am Ende gerechtfertigt werden. Und auf diese Art gehen eure täglichen Andachten mit den Singknaben in den kühlen Kirchen und mit den düster brennenden Lichtern und der feierlichen Musik fort und fort. Alles dieß ist sehr hübsch und schön, und keineswegs eine Bußübung; aber wir dürfen dabei nicht stehen bleiben. Wir haben einmal diesen Instinkt für die Seelen in uns, von dem wir bereits so vieles gesagt haben. Während ihr mit euern Schulkindern und einigen bejahrten Dienern eure ruhigen und behaglichen Feierlichkeiten mit all der Poesie mittelalterlicher Frömmigkeit, die euch umgibt, verschönert, ist die katholische Kirche in der Bierschenke oder auf der Kegelbahn, bei dem Pferderennen oder in den Buden des von Sünden erfüllten Jahrmarktes beschäftigt. Sie miethet das Theater oder die Säle der Landstadt, um mit dem Teufel auf seinem eigenen Carneval zu kämpfen. Sie läßt ihn lieber Ort und Waffen wählen, als daß sie und er ohne einen Streit ruhig ihres Weges gingen. Sie kann ihn nirgends sehen, ohne daß sie es versuchen muß, einen Gang mit ihm zu machen. Es ist das in ihr, was stärker ist, als ein Gesetz und es so haben will. Wenn er zu niedern Mitteln greift, so thut sie es auch, wenn auch nur, damit sie mit ihm handgemein werde; aber sie werden aufhören, niedrig zu sein, weil sie sich zu denselben herabließ; denn wie ihr Herr in seiner Erniebrigung verleiht sie Würde, wo sie sich herabläßt, und hinterläßt eine Glorie an jedem Orte oder in jeder Beschäftigung, wozu sie sich aus Liebe zu den Seelen erniebrigt hat. Wenn er Seelen durch den Koth und Schmutz zieht, so wird sie ihnen durch den nämlichen Koth und Schmutz nachgehen, indem sie es den Engeln überläßt, ihre priesterlichen Gewänder eher in den Augen Gottes, als im Angesichte der Menschen, so rein zu erhalten, „wie kein Walker auf Erden sie weiß waschen könnte." Wo Sünder sind, da will sie auch sein. Wenn sie nicht so wäre, so wäre sie ein Miethling, und nicht der Hirte. Ihr seht, dieß ist unsere Art und Weise, und dieß ist es, was wir für uns selbst zu sagen haben. Wenn ihr viel von uns wüßtet, so würdet ihr wissen, was und wie viel wir manchmal auf dieser Seelenjagd zu opfern haben, und wie viel ein katholischer Priester vielleicht mit euch empfindet, während eine höhere Liebe das Gefühl in ihm zum Opfer bringt. Was euch nur als ein Beweis von gemeiner Verschlechterung erscheint, kann ein Akt der Nächstenliebe oder der Pflicht sein, der uns eben so schwer fällt, als er euch fallen würde. Wir haben eine eben so dünne Haut, wie ihr, aber wir haben keine kühlen Oratorien auf unserem Wege, in die wir eintreten und von der Hitze des Tages ermattet, den Staub abschütteln können. Wir müssen voranschreiten, oder jene, die uns auf den Fersen sind, werden uns überholen, und wir werden unsere eigenen Seelen verlieren, weil uns der scharfe Eifer fehlt, die Seelen anderer zu retten.

Aber ihr werdet entgegnen: „Dieß ist nicht die volle

Bedeutung der Sache." O ja! Wenn ihr nicht richten wolltet, bis ihr alle Umstände kenntet, wenn ihr euch nicht so hartnäckig auf der Defensive halten würdet, wenn ihr glaubtet, daß wir wirklich halb so viele liebevolle Gedanken an euch haben, einen halb so großen Werth auf euch setzen, und eine halb so zärtliche Sorgfalt gegen euch beweisen, als es der Fall ist, und wie wir uns sehnen um des Preises willen, den wir auf euch setzen, euch unter uns zu haben, dann könnten wir euch dahin bringen, aufzuhorchen, während wir euch eines um das andere erklärten; dann würdet ihr die Dinge in einem ganz andern Lichte sehen, und würdet nicht glauben, es sei gehässig von uns, daß wir denselben Fehler an euch in eurer Behandlung der Sünde und der Sünder finden, den Hazlitt an Cowper fand, als er von ihm sagte, „daß er der Natur die Hand drückte mit einem paar parfümirter Glaçehandschuhe an den Händen. Ach, daß wir euch nur eine Woche in den Beichtstuhl einer unserer großen Städte setzen könnten wir, hätten den Glauben an den Stoff, woraus ihr gemacht seid, daß ihr aus der Feuerprobe mit mehr apostolischer Gemeinheit heraus kämet, als der Schlimmste von uns.

Ihr selbst lasset euch bei Gelegenheit zu dem Kinde und zu dem Wilden herab; und fällt es euch nicht auf, daß der Sünder ungefähr eine gleiche Mischung von dem Wilden und dem Kinde ist? Wir thun auf unsern Missionen alles dieß, und während wir thun, was ihr nicht einmal versuchet, so probiret es einmal zu denken, daß wir unser eigenes Geschäft kennen und nicht auf's Gerathewohl oder gedankenlos arbeiten. Ihr saget, und leider fast

mit einer triumphirenden Miene, daß nicht jeder Priester
oder Mönch, den ihr auf Reisen antreffet, ein Heiliger ist,
daß Manche solche Dinge geträumt haben und sich beim
Erwachen bitter getäuscht fühlten. Lieben Freunde! Wessen
Schuld ist es, wenn ihr oder sie einen so gar jugendlichen
Traum geträumt habet? Habet ihr nie gelesen, wie Je=
sus von seiner streitenden Kirche sprach, von den guten
Fischen und den schlechten, von dem Unkraute unter dem
Waizen, von dem Judas unter den Aposteln? Habt ihr
nie von Cyprians Briefen gehört, von den Predigten des
Chrysostomus, von den wechselvollen Schicksalen des Atha=
nasius, von dem Schisma des Meletius und von den
Akten der vier ökumenischen Concilien, die ihr hochachtet?
Ihr habt ein Luftschloß gebaut, ähnlich eurer Oxforder
papierenen Kirche, und weil die Kirche in Spanien nicht
das Bild davon war, so war es eine entsetzlich gesunkene
Kirche! Träumet ihr nicht eben jetzt, „ihr Gentlemen
Englands, die ihr gemächlich daheim sitzet"? Begegnet
ihr der Kirche nicht auf dem Wege, wie sie athemlos den
Seelen nachjagt? Ihre Kleider sind durch die Eile des
Laufes in Unordnung gekommen, ihre Züge entstellt vor
Anstrengung, ihre Füße bluten, ihre Hände sind rauh
und schwielig von der Arbeit, und der gemeine Schweiß
strömt von ihrer Stirne. Und ihr wendet euch abseits
aus Ekel, und lasset euch in irgend einer stillen Kloster=
ruine auf einer blumigen Au an einem sanft fließenden
Bache nieder, um von Glocken zu träumen, die zur
Matutin läuten, von zierlichen Kapuzen, von schwellendem
Chorgesange und den ehrwürdigen Gräbern der Kreuz=
fahrer und von all der Pracht des alten ascetischen Lebens.

Und wenn ihr nicht so voreilig gewesen wäret und jenen ermüdeten Arbeiter länger betrachtet hättet, der die Nachzügler jener ungeheuern Herde mühsam zusammenhält, so hättet ihr selbst da eine Anmuth, eine Ruhe, eine seltsame unverwüstliche Sanftmuth sehen können, die nicht von der Erde stammte, und wie ihr dann bemüthiger und liebender wurdet und dadurch euer Augenlicht schärfer und wahrer, so hättet ihr hinter der Masse schwerer Arbeit und moderner Beschäftigungen die heiligen Züge des ermüdeten Nazareners entdeckt und es vielleicht verdient, von seinen Lippen jenes warnende Wort zu hören, das er voll Liebe sprach: „Freund! mit ungewaschenen Händen zu essen verunreiniget nicht."

Aber der katholische Missionär, der euch in dem Fieber und in der Hitze seiner geistlichen Thätigkeit anstößig war, hat auch seine Zeiten der Ruhe; allerdings unter nicht so poetischen Umständen, als ihr verlanget. Seine Obern berufen ihn von Zeit zu Zeit in sein Kloster, wo die Welt ihm nicht nahe kommt. Hier besteht seine Erholung in der Beobachtung heiligen Stillschweigens, in der Uebung der christlichen Armuth und der Pflichten seiner Genossenschaft, die er voll Selbstverläugnung erfüllt, und in den langen Stunden heiligen Umganges mit dem Bräutigam seiner Seele. Mehr in innerlichen Uebungen als im Chordienste gewinnt er frische Kräfte zu einem neuen Feldzuge, und wenn ihr nach der Anmuth innerer Sammlung, nach dem freundlichen Benehmen der Abtödtung, nach ungeheuchelter Buße, nach der überlegten Sorgfalt brüderlicher Liebe, nach der keuschen Furcht Gottes, nach der übernatürlichen Schüchternheit suchet,

welche göttliche Gaben und mystische Wirkungen der Gnade
geheim hält, so werdet ihr staunen, wenn geistliche Män=
ner euch als die Trophäe der Liebe Gottes in diesen
Hinsichten den heitern Missionär zeigen, den ihr mit sei=
ner geläufigen Zunge und seinem fröhlichen Lachen be=
reits für einen wahren Possenreißer und Quacksalber der
Seele gehalten hättet. Wollen kirchliche Obere den Geist
irgend einer Nonne auf die Probe stellen, welche Verzuck=
ungen hat, Visionen sieht, göttliche Stimmen hört, und
deren Arten des innerlichen Gebetes oder eingegossener
Beschaulichkeit den gewöhnlichen Seelenführer des Klosters
verwirrt machen, so wird diesem nämlichen Missionär der
heikle Auftrag ertheilt, als einem Manne, der aus Er=
fahrung mit den verborgenen Wegen des heiligen Geistes
bekannt ist. Wenn die schwierigsten Nebenpfade des asce=
tischen Lebens verzeichnet und die schauerlichen Tiefen
geistlicher Verlassenheit und Trostlosigkeit ergründet werden
sollen, so ist Scaramelli der Mann, um dieß zu thun,
nachdem er viele Jahre mit der rauhen Arbeit der Mis=
sionen zugebracht hat. Betrachtet die schmeichelhaften Lock=
ungen des beginnenden Quietismus, welcher manchen Or=
densgeneralen zu Rom den Kopf verdreht und dessen Ur=
heber seine Wohnung in dem Vatikan selbst hat, als der
Gast eines Papstes, der bereits ein Candidat für die Eh=
ren der Heiligsprechung ist, — wenn diese Lockungen mit
musterhafter Analyse und einem scharfen Blicke in geist=
lichen Dingen auseinandergesetzt werden sollen, so sind
P. Segneri, der eifrig Karten verbrennt und christlichen
Liedern Volksmelodien gibt, und sein Freund Pinamonti
die Männer, um dieses Werk zu thun. Dieß sind tägliche

Ereignisse in der Kirche, die uns der ewig gebenedeite Geist zu unserer Belehrung vorstellt, cujus sermocinatio est cum simplicibus.

Was das Uebrige dieses Einwurfes betrifft, so wollen wir es mit einem Geschichtchen erledigen, welches die Thatsachen sowol zugeben als sie vertheidigen wird, und keiner nähern Erklärung bedarf. Wenn wir von einem andern Versuche gesagt haben, daß er, was er an Anstand gewann, im Herzen verlor, und so sein Ziel verfehlte, können wir dann nicht von diesem sagen, daß er im Herzen gewann, was er an Anstand verlor, und so sein Ziel erreichte?

Es war einmal, wie Geschichtenerzähler sagen, ein großer Missionär in Frankreich Namens Morcain. Nun begab es sich, daß dieser große Missionär eine Mission halten wollte in einem gewissen französischen Städtchen, dessen Einwohner den Missionen sehr abhold waren. Der Teufel fand gar keinen Geschmack an der Aussicht auf den vorbesagten Herrn Morcain, und nach reiflicher Ueberlegung fuhr er in die Arbeiter dieses französischen Städtchens und gab ihnen einen Plan ein, der seiner ganz würdig war. Sie traten zusammen, und es waren nicht wenige an der Zahl, und zogen ihm entgegen mit entblößten Armen und phrygischen Mützen auf dem Kopfe, so hübsche Exemplare von Sansküloten, als man sich denken kann. Der Leser möge sich das Innere dieser Prozession vorstellen, die auszog, um den herannahenden Missionär auf eine etwas eigenthümliche Weise zu begrüßen. Sie marschirten die Straße entlang, indem sie das Volkslied:

C'est l'amour, l'amour, l'amour
Qui mène le monde à la ronde,

dergestalt parodirten:

C'est le Morcain, le Morcain, le Morcain,
Qui damne le monde à la ronde.

Der Missionär, welcher nichts dergleichen ahnte, kam ruhig in seinem Gefährte des Wegs daher gefahren, sehr wahrscheinlich mit seiner Abendpredigt beschäftigt, aber auf einmal sieht er sich inmitten dieses ergötzlichen Haufens. Allein ein Franzmann kommt nicht leicht in Verlegenheit. Sogleich steigt er von dem Wagen, mischt sich mitten unter den Haufen, schüttelt einem nach dem andern die Hände und fängt auf das Schönste zu tanzen an, während er zugleich recht herzlich in den Chor einstimmt: C'est le Morcain, le Morcain. So geht er tanzend und singend weiter und seine Sansküloten mit ihm, bis sie die Thüre der Kirche erreichen, in welche er auch hineintanzt, und der Haufe ihm nach. Aber hier ist er auf seinem eigenen Grund und Boden, steigt sogleich auf die Kanzel und hält eine furchtbare Predigt voll Feuer und Schwefel, an deren Schluß er verkündigt, daß, wenn während der Mission irgend einer, welcher jenes Lied gesungen, zur Beicht gehen wolle, er nur ausrufen dürfe: Monsieur, j'ai chanté le Morcain, und er werde sogleich vor jedem andern gehört werden. Und so war es. Immerfort ertönte während der Mission mitten aus dem Haufen der Frauen und anderer mit lauter Stimme das verabredete Signal: Monsieur, j'ai chanté le Morcain. Kaum gesagt, so geschehen. Es ist, wie wenn er irgend eine Person von königlichem Range wäre; sogleich bildet sich für ihn ein

Weg mitten durch das rothe Meer des Volkes hindurch; Jedermann weicht aus, Niemand macht den Anspruch, daß an ihm die Reihe ist; es ist eine ausgemachte Sache; es ist Scherz und Ernst und Trost, alles in einem, und da liegt Monsieur, j'ai chanté le Morcain, welcher seine eigene dereinstige Ankunft zu den Füßen seines Erlösers im Himmel vorbildet, in Thränen zu den Füßen dessen, der auf diese Weise allen alles zu werden wußte, um irgendwie einige zu gewinnen.
